由内而外的教养：

做好父母，从接纳自己开始

李旭影◎编著

北京出版集团
北京工艺美术出版社

图书在版编目（CIP）数据

由内而外的教养：做好父母，从接纳自己开始／李
旭影编著．－－ 北京：北京工艺美术出版社，2025．7．
ISBN 978-7-5140-2592-7

Ⅰ．G780-49

中国国家版本馆 CIP 数据核字第 2024NA4409 号

出 版 人：夏中南
策划编辑：王 锐
责任编辑：王矜茹
装帧设计：李舒园
责任印制：王雨萱

由内而外的教养　做好父母，从接纳自己开始

YOU NEI ER WAI DE JIAOYANG ZUO HAO FUMU,CONG JIENA ZIJI KAISHI

李旭影 编著

出　　版	北京出版集团 北京工艺美术出版社	
发　　行	北京美联京工图书有限公司	
地　　址	北京市西城区北三环中路6号　京版大厦B座702室	
邮　　编	100120	
电　　话	(010) 58572470（总编室） (010) 58572878（编辑中心） (010) 58572603（出版拓展部） (010) 58572637（发行部）	
经　　销	全国新华书店	
印　　刷	天津海德伟业印务有限公司	
开　　本	640毫米×910毫米　1/16	
印　　张	10	
字　　数	100千字	
版　　次	2025年7月第1版	
印　　次	2025年7月第1次印刷	
定　　价	59.00元	

你是否发现，孩子的行为、情绪，甚至思维方式，往往都在不经意间映射出父母的影子？在教育孩子的过程中，父母不只是简单地传授知识和技能，更是在用自己的言行、态度和价值观念影响着孩子。孩子是父母的镜子，要做好父母，首先要学会接纳和完善自己。

也许你会问，为什么接纳自己如此重要？因为只有当我们真正理解并接纳自己的时候，才能以平和的心态去面对孩子的各种表现，给予他们真正的理解和支持。作为父母，我们都会遇到压力和困难，但关键在于，我们是否能从中找到成长的机会，把这些经历转化为智慧和力量。

本书旨在通过探索自我接纳和自我提升，以帮助父母们实现优质的家庭教育。本书内容涵盖如何找到生活的平衡，如何处理孩子的情绪和行为问题，如何通过自身的努力为孩子树立榜样。通过这些内容你会发现，成为好父母并不意味着完美无缺，而是在不完美中成长，找到属于自己的教育智慧。

我们用通俗易懂的语言，结合实际生活中的案例和心理学的原理，带你一步步走进由内而外的教养世界。这不是一本枯燥的理论书，而是一本充满生活气息的指导书，旨在帮助父母们在自我成长的同时，培养出健康、快乐、自信的孩子。

书中有丰富的故事实例，展示真实的家庭生活场景，让你在轻松阅读的同时，获得实用的教育建议和方法。无论你是刚刚成为父母的新手，还是已经有多年经验的资深家长，相信你都能在这里找到共鸣和启发。

亲爱的父母们，让我们一起开始这段美好的旅程吧！从接纳自己开始，让我们在不断学习和成长中，成为更好的父母，为孩子创造一个充满爱与支持的家庭环境。希望这本书能成为你在育儿路上的好伙伴，带给你智慧、力量和无尽的启迪。

让我们共同努力，从内而外地成长，一起迎接更加美好、充满希望的未来！

目录

第一章

接纳自己才能
教育好孩子

你有没有因为孩子某次考试落后而焦虑不已？有没有因为孩子的任性而崩溃？有没有为自己不知道如何处理孩子的问题而沮丧？

世上没有完美的孩子，也没有完美的家长。作为家长，要先学会接纳自己的不完美。只有当我们承认自己的优点和缺点，理解自己也是在不断成长中的普通人时，才能以平和和自信的心态去教育和引导孩子。接纳自己，可以让我们在育儿的过程中变得更加从容和愉快，进而与孩子一同成长！

自我接纳，做好父母的第一步

为人父母，在今天要面临更多的挑战。如今的孩子，能从各种渠道得到海量信息，他们在智力上超越我们儿时的水平，情感上也更加细腻，但同时似乎也更容易受到伤害。

我们总是想要成为最好的父母，给孩子提供最好的生活、最好的教育。然而，我们忽略了一个重要环节——接纳自己。

自我接纳，简单来说，就是能够真实地看待自己，接受自己的优点和缺点，认识到自己是一个有独特价值的人。自我接纳是做好父母的第一步，因为只有在接纳自己的基础上，我们才能够更好地理解和接纳我们的孩子。

1. 自我接纳的力量

心理学家卡尔·罗杰斯曾提出，"完全接纳自己"是心理健康的关键。他认为，只有当我们接受自己的全部，包括优点和缺点时，才能真正地成长和发展。这个观点在育儿中尤为重要。

作为父母，我们常常会面对各种各样的压力和挑战。有时候，我们会因为孩子的表现而感到焦虑和自责，觉得自己做得不够好。但是，如果我们能够接纳自己，理解这些负面的情绪是正常的，我们就能够更加平静地面对这些问题。

超市里，一个妈妈对着一个三岁左右的男孩束手无策。男孩因为想要买糖果而大声哭闹，妈妈大声呵斥孩子，但孩子哭得更大声了。

　　对峙了一会儿，这位妈妈改变了策略，她深吸一口气，蹲下来对孩子说："我知道你很想要那个糖果，但现在我们不能买。我们一起找点别的好玩的，好吗?"她的声音温柔而坚定，孩子也慢慢地平静下来。

　　这位妈妈的接纳和理解不仅安抚了孩子，也让她自己从焦虑中解

脱出来，更加从容地面对孩子的情绪。

接纳自己不仅能帮助我们更好地应对育儿中的压力，还能对孩子的成长产生积极影响。孩子是敏感的观察者，他们会模仿父母的行为和态度。如果我们能够接纳自己，孩子也会学会接纳自己。反之，如果我们总是批评自己，孩子也会变得对自己要求过高，容易产生自卑和焦虑。

有一位张爸爸，他对自己要求非常严格，总是在工作和生活中力求做到完美。他把这种完美主义也带到了育儿中，他希望孩子在学业上取得优异的成绩，对孩子的期望非常高。结果，孩子在面对学习压力时变得非常紧张和不安，甚至出现了逃学行为。

后来，这位父亲开始意识到自己的问题。他学会了放松自己，接纳自己的不完美。同时，他也开始改变对孩子的态度，给予孩子更多的理解和支持。慢慢地，孩子的学习压力减轻了，成绩也开始有所提高，最重要的是，孩子变得更加自信和快乐。

2. 良好的亲子关系从自我接纳开始

良好的亲子关系是一切教育的基础。而这种关系的建立需要父母做到自我接纳。只有我们先真正接纳自己，才能以开放和包容的态度对待我们的孩子。

我们在接纳自己的过程中，学会了如何更好地处理情绪，如何面对失败和挫折。这些经验不仅对我们自己有益，也能够传递给孩子，让他们在成长过程中变得更有韧性，适应力更强。

罗太太的儿子因为一次考试成绩不理想而情绪低落，回到家后，一直闷闷不乐。罗太太没有责备孩子，而是和他一起回顾了考试过程，分析了问题出在哪里。她告诉儿子："没关系，妈妈也有失败的时候。我们可以从中学到很多东西，下次再努力。"孩子听后，眼中闪过了一丝亮光，重新燃起了对学习的信心。

罗太太的自我接纳和开放态度，让孩子感受到了理解和支持。孩子之后再面对困难时，将不再害怕失败，而是愿意尝试和改进。这种积极的心态对孩子未来的成长和发展有着深远的影响。

那么，作为父母，我们如何培养自我接纳的能力呢？以下是几个实用的小建议：

· 自我反思

每天花一点时间，静下心来反思自己的情绪和行为。问问自己，今天哪些地方做得好？哪些地方可以改进？对自己的表现给予客观的评价，而不是苛责和批评。

· 接受不完美

没有人是完美的，我们每个人都有优点和缺点。我们要学会接受自己的不完美，理解这些缺点也是我们的一部分，是我们独特性的体现。

· 寻找支持

不要害怕寻求支持和帮助。你可以和朋友、家人或者专业人士聊聊你的困惑和感受，这不仅能缓解压力，还能获得新的视角和建议。

· 积极自我对话

用积极的语言和自己对话。例如，当你感到挫败时，可以对自己说："这只是一次小小的失败，我可以从中积累经验，争取下次做得更好。"

· 设定现实目标

为自己设定一些可实现的目标。每当自己完成一个小目标后，给予自己一些奖励，这样能增强自信心和满足感。

自我接纳是做好父母的第一步，它能帮助我们更好地理解自己、管理情绪，从而以更开放和包容的态度对待我们的孩子。通过自我接纳，我们不仅能成为更好的父母，也能为孩子树立榜样，使他们在成长过程中更加自信和坚强。

当我们接纳自己的优点和缺点时，我们也能够更加理解和接纳孩子的独特性。每个孩子都是独一无二的，作为父母，我们的任务不是让孩子变得完美，而是帮助他们发现自己的优势，并在面对困难时，给予他们支持和鼓励。

通过接纳自己，我们能够以更平和的心态面对育儿中的各种问题，更好地享受和孩子在一起的每一个瞬间。自我接纳是迈上成功育儿之路的第一步。

拥抱不完美，每个父母都是独特的

我们总是想要成为"完美的父母"，然而，我们忘记了"人无完人"，每个人都有自己的不完美之处，正是这些不完美使我们独特和真实。

1. 从不完美中找到力量

在自媒体泛滥的时代，我们常常被各种育儿典范所包围。社交媒体上充斥着很多看似完美的家庭，他们的孩子成绩优异，他们的家庭关系十分和谐……面对这些，我们难免会自我怀疑：我是否也能做到这样？为什么我做不到像他们那样完美？

然而，现实生活并非如此。心理学家布琳·布朗在她的著作《不完美的礼物》中提到，"拥抱不完美的自己"是我们迈向真正幸福的关键。她指出，我们每个人都有自己的不完美之处，而正是这些不完美使我们独特、真实和有趣。对于父母来说，接纳自己的不完美不仅是自我成长的重要一步，也是成为好父母的基础。

我们都知道，孩子是天生的观察者，他们会从父母的言行中学到很多东西。如果我们总是对自己要求过高，追求完美，孩子也会感受到这种压力。他们会觉得自己也必须做到完美，否则就不会被父母和社会认可。久而久之，这种完美主义会让孩子变得焦虑、自卑，甚至

失去自信。

　　淑芳总是希望自己能做得尽善尽美。她每天早上五点起床，为家人准备丰盛的早餐，她白天要打理家务，晚上要陪孩子做作业，还要兼顾自己的工作。她把所有的时间都花在照顾家人和工作上，却忽略了自己的需要和感受。久而久之，她感到疲惫不堪，甚至对孩子产生了抱怨。

　　后来，淑芳开始意识到自己的这种完美主义倾向，意识到对自己过于苛刻。于是，她开始允许自己在某些方面做得不那么完美。她每天抽出一些时间来做自己喜欢的事情，比如读书、听音乐、散步。很快，她发现自己的心情好了很多，对孩子也变得更加有耐心和包容。孩子也感受到母亲的变化，变得更加开朗和自信。

2. 每个父母都是独特的

每个父母都有自己的育儿方式和生活方式，这些方式和别人的不同并不意味着不好。事实上，正是这些差异让我们每个人都独一无二。我们需要明白，育儿并没有一个"标准答案"，每个家庭都有自己的节奏和方法。

罗先生喜欢带孩子一起做家务，比如洗碗、打扫房间，甚至一起修理家里的小物件。他认为，通过这些活动，不仅能让孩子学到生活技能，还能增进亲子关系。而他的孩子也从中受益匪浅，变得更加独立和有责任感。

罗先生的故事告诉我们，每个父母都有自己的独特之处。我们不需要按照别人的标准来衡量自己，而是要找到适合自己和孩子的育儿方式。

在育儿的旅程中，我们要接纳自己的不完美，认识到自己的独特性，只有这样我们才能够更好地理解自己，也能够更好地理解和接纳我们的孩子。

保持平和，从容面对育儿挑战

我见过很多父母因为孩子的一些小问题而感到无所适从，甚至对自己产生怀疑。事实上，保持心态平和，是从容面对育儿过程中的各种情况的关键。

育儿就像是一场长跑比赛。过程中，我们会遇到许多意想不到的情况。孩子的哭闹、学业压力、青春期的叛逆，这些都是不可避免的。如果我们能以平和的心态面对这些情况，就能更加从容地应对。

在心理学领域，有一个"自我调节"理论，该理论提出，我们可以通过调节自己的情绪和行为，更好地适应环境变化。这一理论在育儿中同样适用。保持心态平和能够帮助我们更好地应对育儿过程中的各种情况，做出更加理智和有效的决策。

刘妈妈有三个孩子，且三个孩子性格各异，他们经常把家里弄得一团糟。有一次，最小的儿子因为积木倒了大哭，上小学的女儿因为作业不会做而发脾气，叛逆期的老大因为各种小事跟父母、弟弟、妹妹赌气吵架。面对这一切，刘妈妈始终平和淡定。她先是安慰了哭泣的小儿子，然后耐心地帮助上小学的女儿解决作业问题，最后抽时间跟老大沟通。

刘妈妈的从容与淡定感染了孩子。他们知道，无论发生什么，妈妈都会冷静、平和地解决问题。这种平和的心态不仅使她能够在复杂的家庭环境中游刃有余，还让孩子们有了积极的榜样。

要在育儿过程中保持平和的心态并非易事。以下是帮助父母在育儿过程中保持平和心态的一些实用方法：

· 呼吸练习

当你感到情绪波动时，试试深呼吸。深吸一口气，然后慢慢呼出，重复几次。这种简单的练习可以帮助你迅速平复情绪，恢复冷静。

· 正念冥想

每天抽出几分钟时间进行正念冥想，关注自己的呼吸和身体感受。这种练习可以提高你的情绪调节能力，增强自我觉察能力，从而更好地应对育儿中的各种情况。

· 积极的自我对话

当你感到压力时，用积极的语言和自己对话。例如，你可以对自己说："我可以处理好这些情况，我有能力解决问题。"这种积极的自我暗示能够增强你的自信心，帮助你保持平和的心态。

· 合理的期望

不要对自己和孩子要求过高。设定现实的目标，理解每个人都有不足之处。接受不完美能够有效地减轻压力。

· 寻求支持

不要害怕寻求帮助。和朋友、家人或者专业人士聊聊你的困惑和感受，这不仅能缓解压力，还能获得新的视角和建议。

小李是一位单亲妈妈，她的儿子小明刚进入小学。由于工作繁忙，小李常常感到疲惫不堪，而小明在学校的表现也不尽如人意，老师时常反映他上课不专心，作业完成得不好。

起初，小李感到非常焦虑，她总是责备自己没有花足够的时间陪伴孩子，也因为孩子的表现而感到沮丧。有一次，小明因为在学校和同学发生争执，被老师要求叫家长。小李在赶往学校的路上，感到无比的愤怒和失望。她想着回到家后一定要好好教训小明。

然而，在见到老师和小明之前，小李决定先在车里静坐片刻。她深呼吸了几次，试图让自己冷静下来。她想起了之前学过的正念冥想技巧，于是闭上眼睛，专注于自己的呼吸。几分钟后，她感觉自己的情绪平复了很多。

进入教室后，小李听了老师的反馈，又看了看低着头的小明。她没有立即责备孩子，而是蹲下来，轻声问他发生了什么。小明哽咽着说出了事情的经过，小李耐心地听着，然后轻轻地抱住了他。她告诉小明，自己理解他的感受，但解决问题的方式有很多，他们可以一起想办法。

通过这次沟通，小明感受到了妈妈的理解和支持。回到家后，小李和儿子一起制订了改进计划，小明的表现逐渐好转。小李也在这个过程中学会了如何以平和的心态应对育儿中的各种情况。

保持平和的心态还能让我们更好地享受育儿的乐趣。育儿不仅仅是教育孩子成长的过程，也是我们与孩子共同成长的过程。在这个过

程中，我们会经历许多温馨和快乐的事情，这些都是我们与孩子之间宝贵的记忆。

　　记得有一次，我带着儿子去公园玩。那天他在游乐场上不小心摔了一跤，膝盖擦破了皮，哭得很伤心。我一边安慰他，一边带他去附近的药店处理伤口。虽然当时看起来是一件很糟糕的事情，但后来我们在回家的路上聊起这次经历时，却发现这成了一段有趣的回忆。我们谈论着伤口如何痊愈，儿子学会了如何更小心地玩耍，而我也从中学会了如何更好地处理孩子的意外情况。

　　情绪调节能力是影响我们应对压力和困境的重要因素。情绪调节能力强的人，更容易在面对突发情况时保持冷静，从容应对。而平和的心态正是良好情绪调节能力的体现。

在家庭关系中，父母如果能有效地调节自己的情绪，以平和的心态应对家庭中的各种情况，往往就能有效地解决问题，并为孩子树立良好的榜样，促进孩子的健康成长。

孩子是父母的影子

宋庆龄曾说过："孩子的性格和才能，归根结底是受到家庭、父母，特别是母亲的影响最深。孩子长大成人以后，社会成了锻炼他们的环境。学校对年轻人的发展也起着重要的作用。但是，在一个人的身上留下不可磨灭印记的却是家庭。"

家庭是孩子的第一课堂，父母是孩子的第一任教师。父母的品德修养、行为方式、人生态度对孩子的成长有着直接的、持久的、潜移默化的影响。父母在乎孩子的分数，孩子就会去追求学分；父母在乎孩子的名次，孩子就会追逐名次；父母在乎孩子优秀品质的养成，孩子就会成为一个正直、有理想且自信的人。如果父母一方有明显的人格缺陷，那么就可能会在孩子的幼小心灵产生负面的影响。

父母在教育孩子的过程中所起的作用是其他任何人都无法取代和超越的。孩子与父母接触得最多，父母如何工作、学习，如何待人接物……都直接影响着孩子。如果一个母亲喜欢妆扮自己，那她的孩子一定也会喜欢涂涂抹抹；如果一个父亲喜欢读书，那他的书将来大概率会出现在他的孩子手上。

王老师家的孩子小明从小就很有礼貌，每次见到邻居都会主动打招呼。有一次，邻居好奇地问王老师是怎么教育孩子的。王老师说：

"其实我没有特意教他，只是我和他爸爸平时都习惯跟人问好。记得有一次，我们一家三口在电梯里遇到邻居，我和他爸都说了'您好'，小明当时才两岁多，也奶声奶气地跟着说了声'您好'。从那以后，这个问候习惯便在小明身上自然而然地形成了。"

这个例子说明大人的行为会对孩子造成十分深远的影响。其实，仔细观察每一个孩子，在他们身上，都会找到父母的"影子"。"近朱者赤，近墨者黑"，在家庭教育中，父母的一言一行都会对孩子起到示范作用。

那么，父母应该如何完善自我，给孩子以正向的、积极的影响呢?

首先，父母要营造一种平等、和睦、尊老爱幼的家庭氛围，家庭成员之间应相互尊重。父亲坚强果敢，母亲温柔有爱，夫妻和睦……这些正面的因素如同播下了乐观向上的种子。而有的家庭里，夫妻经常争吵，孩子长大了更容易形成暴躁的性格。

其次，父母必须重视自我学习。家庭是孩子的第一个学习场所，父母是孩子的启蒙老师，家庭教育是早期开发孩子智力的关键。家庭的精神文化生活对孩子的成长、智力的发展具有特别重要的意义。为孩子营造一个良好的学习环境，将有益于孩子的学习和身心健康，这对孩子的长远发展至关重要。在学习型家庭里，父母的学习态度和学习精神不仅决定着其能否成为优秀的家长，而且大概率决定孩子是否好学、能否成为终身学习的人。

最后，父母要养成良好的生活、作息习惯。比如生活上要注意家庭环境的整洁，整洁分为"整齐"和"洁净"两方面，物品摆放要有规律、整齐，同时要确保个人卫生和家庭环境卫生。至于作息习惯，那对孩子的影响就更大了，科学的作息习惯有利于孩子的身心健康。

总之，孩子是父母的身影。"春天种下什么，秋天就会收获什么。"父母栽种的是自己的行为，收获的是孩子一生的习性。

第二章

认识真实的自己

认识真实的自己，并不只是看见自己的优点，也包括坦然面对自己的不足。每个人都有独特的经历和性格，这些都塑造了我们今天的样子。通过自我反思和自我接纳，我们会找到内心的平静与力量。接纳真实的自己对成为优秀的父母也至关重要。

认识自己，才能接纳自己

在日常生活中，我们扮演着各种各样的角色：员工、朋友、伴侣、父母、子女……忙碌的生活让我们时常忽略了最重要的角色——我们自己。要想过上充实而幸福的生活，首先需要正确认识自己，进而接纳自己。

心理学家卡尔·荣格曾提到，只有看清自己内心深处的人，他的视野才会清晰。向外面看的人，一直活在梦中；而向里看的人，才是清醒的。这句话道出了自我认识的重要性。自我认识不仅是对自己外在行为的了解，更是对自己内在思想、情感和价值观的深刻理解。只有通过自我认识，我们才能了解自己的真实需求和内心渴望，找到真正适合自己的生活方式。

自我认识不仅帮助我们了解自己的长处，还帮助我们识别自己的不足。通过这种自我觉察，我们能够更好地发挥自己的优势，同时找到改进的方向。

1. 自我反思：认识自己的起点

自我反思是认识自己的重要途径。每天花一些时间来反思自己的情绪和行为，可以帮助我们更好地了解自己。例如，当你感到愤怒时，问问自己：是什么引发了我的愤怒？这种愤怒的情绪背后隐藏着怎样的需求和期望？通过这样的自我反思，我们能够逐渐揭开自己情绪和行为背后的原因，找到更深层次的自我。

自我反思不仅仅是简单地回顾一天的经历，更是对自己内心世界的探索。当我们开始认真思考自己的情绪反应时，我们会发现，很多情绪其实并不是由外界事件直接引发的，而是源于我们内心深处的某些未满足的需求和期待。通过自我反思，我们能够逐渐识别这些内在需求，并找到满足它们的方法。

在认识自己的过程中，我们会发现自己有许多不完美之处。这是非常正常的，每个人都有优点和缺点。接纳自己并不是忽视或逃避这些缺点，而是理解这些缺点是我们的一部分，是我们独特性的体现。接纳自己意味着不再苛责自己，而是以一种宽容的态度对待自己的不足。

要正确认识自己，我们可以尝试以下几种方法：

· 写日记

写日记是一种非常有效的自我认识方法。通过记录自己的日常生活和情感体验，我们可以更好地了解自己的行为模式和情绪反应。写日记不仅仅是记录发生了什么，更是记录自己的感受和思考。通过日记，我们能够更清晰地看到自己的变化和成长。

· 寻求反馈

向身边的朋友、家人或同事寻求反馈。他们的意见可以帮助我们更全面地认识自己，发现自己可能忽视的优点和缺点，提供一些我们自己看不到的视角。这种外部的反馈可以作为我们自我认识的重要补充。

· 心理咨询

如果你感到困惑和迷茫，心理咨询是一个非常有效的选择。专业的心理咨询师可以通过一对一的交流，帮助你更深入地了解自己。心理咨询不仅仅是为了解决问题，更是一个了解自己、探索自己内心世界的过程。

· 正念冥想

正念冥想是一种非常有效的自我觉察和情绪调节的方法。你可以每天抽出几分钟时间进行正念冥想，关注自己的呼吸和身体感受。这

种练习可以帮助你更好地了解自己，发现内在的力量。

2. 从自我认识到自我接纳

一旦我们开始深入了解自己，就能更好地接纳自己的不完美。自我接纳是对自己整体的认可，它是通往幸福生活的桥梁。当我们学会接纳自己，我们会发现，生活中的很多困扰都会逐渐消失。因为自我接纳让我们内心变得更加平和和强大，我们能够以更加理智、积极和从容的态度去面对生活中的各种情况，其中就包括育儿过程中的各种问题。

释怀过去，解开心结

夜深人静时，你是否曾回想起过去的种种经历，感到心中有一些未解的结？在人生的旅途中，我们难免会遇到各种各样的事情，其中有些让我们难以释怀，成为我们心中的一根刺。要想真正接纳自己，过上充实而幸福的生活，尤其是在育儿方面取得成功，首先需要对自己的过去释怀，解开心结。

每个人的人生都是由无数的经历构成的，这些经历包括成功的喜悦、失败的痛苦、爱的滋润和伤害的创痛等。正是这些经历，塑造了我们的个性和价值观。然而，有些经历可能在我们的心中留下了难以愈合的伤痕，成为阻碍我们前行的负担。

心结，通常是指那些未能完全处理和消化的情感和经历。这些心结可能源于童年的创伤、青春期的困惑、成年后的失意或生活中的挫折。无论其来源是什么，这些心结都会在我们的内心深处留下痕迹，进而对我们的情绪反应和行为方式产生影响。

心结不仅会影响我们的情绪，还会对我们的自我接纳产生深远的影响。当我们未能释怀过去的一些经历时，常常会对自己产生负面的评价或苛责自己。我们可能会认为，自己之所以遭遇那些不幸，是因为自己不够好、不够聪明或不够努力。这种负面的自我评价会阻碍我们接纳自己，进而影响我们的生活质量和家庭关系。

如果无法释怀，解开自己的心结，我们的内心深处就会滋生出更多的负面情绪，影响我们的日常生活。因此，学会对过去释怀，解开心结，是接纳自己的关键一步。

释怀并不意味着忘记或忽视过去的经历，而是理解和接纳这些经历，从中吸取教训、获得力量。释怀过去，可以帮助我们解开心结，释放内心的负面情绪，找到内心的平静和力量。

释怀过去能够帮助我们建立积极的自我形象。当我们坦然面对自己的心结，理解和接纳过去的经历时，我们就能够重新评估自己的价值和能力。我们不再因为过去的失败和挫折而自责和怀疑自己，而是能够看到自己的成长和进步，从而建立起更加积极的自我形象。

同时，释怀过去能够帮助我们改善人际关系。未能释怀的心结，常常会在我们与他人的交往中表现出来。我们可能会因为过去的经历而对他人产生不信任感和防备心，甚至与亲近的人产生误解和冲突。通过释怀过去，我们能够解开心结，减少内心的负面情绪，从而建立更加和谐和健康的人际关系。

当我们能够对过去释怀，解开心结，我们就能够更好地接纳自己。自我接纳不仅能给我们带来内心的平静和力量，还能够帮助我们建立更加积极的自我形象，改善人际关系，提高生活质量。

小莉是一位年轻的母亲，她在过去的几年里经历了一段失败的婚姻。这段婚姻的破裂让她陷入了深深的自责和痛苦中，她常常觉得是自己的不完美导致了婚姻的失败。这种负面的自我评价使她在面对孩

子时也充满了不安和焦虑，让她无法完全放松和自信地教育孩子。

在一次心理咨询中，心理咨询师引导小莉进行自我反思，帮助她回顾过去的经历。小莉逐渐意识到，婚姻的失败并非完全是她的责任，而是多种因素共同作用的结果。咨询师还建议她通过写日记的方式把内心的感受和思考记录下来，以释放内心的负面情绪。

通过一段时间的反思和写日记，小莉开始理解和接纳自己的过去。她不再一味地苛责自己，而是从中吸取教训，找到了内心的平静和力量。她逐渐释怀了，并解开了心结。

在找到内心的平静后，小莉对待孩子的态度也发生了积极的变化。她变得更加自信和从容，能够以平和的心态面对孩子的成长和教育。小莉对过往的释怀不仅让她找回了自信，也为孩子营造了一个更加健康和温暖的成长环境。

　　释怀过去，意味着我们不再被过去的经历所束缚，而是能够从中汲取力量，走向更加光明和充实的未来。通过释怀，我们能够看到自己的成长和进步，肯定自己的价值和能力，从而建立起更加积极的自我形象。

　　父母对自己的释怀和接纳直接影响育儿的效果。孩子是敏感的观察者，他们能够感受到父母的情绪和态度。如果我们能够对自己的过去释怀，解开心结，孩子也会从中学会如何面对自己的情感和经历。

　　当我们对过去释怀，我们会不再因为自己的心结而对孩子产生过高的期望或提出不合理的要求，而是能够理解和支持孩子的独特性和发展需求。

走过的每一步都成就了现在的你

人的一生，有喜悦也有痛苦，有成功也有失败。这些经历，无论好坏，都是我们人生的一部分。要想真正接纳自己，我们就必须懂得，过去走过的每一步，无论好坏，都成就了现在的自己。

成功的经历，给我们带来了信心和动力。每一次成功，都是我们努力和智慧的结晶，都是对我们能力的肯定。成功让我们看到了自己的潜力，让我们敢于去追求更高的目标。

而失败的经历，同样宝贵。失败教会我们谦逊和反思，让我们更加清醒地认识到自己的不足。正如托马斯·爱迪生所说："我没有失败过，我只是发现了一万种行不通的方法。"每一次失败，都是我们学习和成长的机会，都是我们前进道路上的重要一步。

要真正接纳自己，我们需要学会理解和接纳人生中的每一步。接纳自己，并不是忽视或逃避这些经历，而是理解它们对我们的意义，并从中汲取力量。

接纳自己，首先要学会原谅犯错的自己。我们每个人都会在生活中犯错，这是成长的一部分。重要的是，我们要从错误中学习，找到改进的方法，而不是一味地苛责自己。只有当我们原谅犯错的自己，我们才能真正接纳自己，找到内心的平静和力量。

接纳自己，还要学会欣赏自己的优点。我们每个人都有优点，这是我们在生活中取得成功的重要因素。学会欣赏自己的优点，能够增强我们的自信心，让我们在面对生活中的各种情况时，保持从容和自信。

人生是一段漫长而充满未知的旅程，每一步都在推动我们向前。过去的每一个经历，无论好坏，都是我们成长的重要组成部分。正是这些经历让我们不断成长和进步，并成为今天的自己。

我们所经历的艰难困苦，不仅塑造了我们的个性，还让我们学会了如何面对生活中的各种情况。正如哲学家尼采所说："那些杀不死我的，终将使我更强大。"每一个经历，都是我们成长和进步的阶梯，让我们在面对生活的风雨时，变得更加坚强和从容。

小杰爸爸曾是一名知名的企业家，但几年前，他的生意因为市场环境的剧变而遭受重创，最终导致破产。巨大的打击让小杰爸爸陷入深深的自责和失落中，他总觉得自己辜负了家人和朋友。这种负面的情绪也影响了他与儿子小杰的关系，他开始对小杰的学业成绩和未来发展抱有过高的期望，试图通过儿子的成功来降低自己的挫败感。

在一次心理咨询中，心理咨询师引导小杰爸爸进行自我反思，帮助他回顾过去的经历。小杰爸爸逐渐认识到，生意的失败并不完全是他的过错，而是由多种外部因素共同作用的结果。咨询师还建议他通过写日记的方式，把内心的感受和思考表达出来，以释放内心的负面情绪。

通过一段时间的反思和写日记，小杰爸爸开始理解并接纳自己的经历。他不再一味地苛责自己，而是从中吸取教训，看到自己在逆境中的坚韧。他意识到，过去的每一步，无论成功还是失败，都是自己人生的一部分，成就了现在的自己。

之后小杰爸爸的心态发生了显著变化。他不再对小杰施加过大的压力，而是开始关注小杰的兴趣和个性，给予他更多的理解和支持。小杰感受到父亲态度的转变后也变得更加自信和积极，父子关系变得更加亲密。

小杰爸爸的经历告诉我们，只有当父母学会接纳和理解过去的每一种经历，才能以更好的状态去教育和引导孩子。正是这些经历（无论好坏）成就了现在的我们，也帮助我们成为更好的父母，让我们能够为孩子营造一个充满爱和理解的成长环境。

第三章

管理自己的情绪

在家庭生活中，情绪就像一把双刃剑，既可以为我们带来温暖和幸福，也可能引发矛盾和摩擦。作为父母，我们应该意识到我们的情绪不仅影响自己的生活质量，更深刻地影响着孩子的成长环境。情绪管理的好坏，是衡量我们能否在孩子遇到种种状况时保持冷静和耐心的重要标尺。学会管理自己的情绪，不仅能让我们更好地应对生活中的各种挑战，还能为孩子树立好的榜样，教会他们如何妥善调节自己的情绪。

把温和的一面呈现给孩子

很多父母认为，他们对孩子的态度是孩子行为的反映，而不是影响孩子能力形成的原因。

实际上，这两者的关系远比人们认识的复杂得多。父母对孩子的智力和能力的形成有着巨大的影响。即使有的孩子基础差一些，但如果父母以较温和的态度对待他们，给他们以积极的评价，就会帮助孩子建立起信心，使他们更努力地去实践。

父母的态度正确与否，对能否教育好孩子起着关键性作用。香港大学一位心理学博士曾针对家长坚持的"孩子教不好是孩子有问题"的观点进行实验，结果发现，"问题孩子"的父母在对待孩子时的态度大多有问题。

父母对孩子的态度不仅影响孩子智力和能力的形成，还影响孩子的行为和道德发展。

华盛顿是美国的第一位总统。在他父亲的农场里，有一颗小樱桃树，那是父亲为纪念华盛顿的出生而栽种的。华盛顿一天天长大，小樱桃树也一年年长高。华盛顿从小就很崇拜英雄人物，想以后当一名威武的军人，有一次，他打算做一把小木枪，把自己武装起来。他本想让父亲帮忙，可看到父亲整天忙于自己的工作，没有时间，于是决定自己动手。华盛顿拿起锯子、斧子，找了一棵容易砍倒的小树，把它锯倒了。哪知这棵树正是父亲最心爱的那棵樱桃树。这一举动无疑是闯了大祸。

父亲得知此事后，大发脾气，质问是谁干的。华盛顿躲在屋子里，非常害怕。经过一番思想斗争，他最终鼓起勇气，带着惭愧的神色走到父亲面前说："爸爸，是我干的。"父亲看到华盛顿有勇气承认自己的错误，不但没罚他，反而大大称赞他："好孩子，你的诚实让我很欣慰，因为即使是一万棵樱桃树也比不上一个诚实的孩子啊！"

正是华盛顿父亲的开明态度培养了华盛顿身上优秀的品质，而这些品质在他开创伟大的事业中起到了不可估量的作用，使他最终赢得了美国人民乃至全世界人民的尊敬。

很多事例表明，父母对孩子的态度与孩子性格等因素的形成有着密不可分的关系。如果父母对孩子忽冷忽热，反复无常，孩子大多会有情绪不稳定、多疑多虑、缺乏判断力等表现；如果父母对孩子过分严厉，孩子则可能会有逃避、胆怯、残暴等表现，有的甚至会形成当面一套、背后一套的坏习气；如果父母对孩子过分照顾、保护，不放手让孩子自己活动、自己做事，孩子的性格则容易变得消极，依赖性强，没有责任感，没有忍耐力，不适应集体生活，遇事优柔寡断；如果父母对孩子过分溺爱，孩子就容易变得任性，以自我为中心，缺乏责任心，没有耐性；如果父母对孩子冷淡，置之不理，孩子长大会更愿意寻求他人的爱护，力图引起别人对自己的注意，比如有的孩子会喜欢攻击挖苦别人，还有的则表现为性格冷漠，与世无争；如果父母对孩子采取爱而不娇、严格而又民主的态度，孩子性格则大多数表现为亲切、直爽、活泼、独立，并且善于协作。

由此可见，父母应该注意自己日常生活中的不良情绪对孩子的影响，无论在什么时候，无论发生了什么事，都尽可能不要在孩子面前表现出消极的情绪，因为那样会使孩子处于一种不和谐的家庭环境中，进而在情绪上也跟着发生消极的变化。相反，父母应该用温和的态度对待孩子，因为温和的态度有利于孩子的健康成长。

也许，对父母来说，在短时间内保持对孩子的温和态度并不难，难就难在坚持，难就难在日复一日保持这样的态度，但只要真正为孩子的健康成长着想，相信每一位父母都能够做到。

家长少抱怨，孩子不消极

"打工真是太累了，天天加班，都没有自己的生活了。"

"早就跟你说了晚点买房，每个月的房贷让人压力好大。"

"每天上下班堵车堵得太严重了，地铁又挤得像沙丁鱼罐头。"

……

作为父母，我们时常会不经意间在孩子面前发出一些抱怨的声音。而这些抱怨很有可能就是导致孩子产生消极情绪的元凶。

孩子就像一面映照着父母情绪的镜子。如果父母整天抱怨，孩子就会不自觉地把这种消极的情绪和处事方式内化为自己的行为模式。这种影响往往是潜移默化的，等到我们发现时，孩子可能已经形成了习惯性的消极思维。比如，当孩子遇到学习上的困难时，往往不会先思考如何解决问题，而是先抱怨题目太难、老师讲得不清楚，甚至干脆放弃学习。这种消极应对方式的形成很大程度上源于他们在成长过程中所观察和学习到的父母的行为模式。

更值得注意的是，父母持续的抱怨会让家庭氛围笼罩在一层消极的阴影之下。生活在这样的环境中，孩子容易产生深层的不安全感。他们可能会有这样的担忧：生活是不是充满了无法克服的困难？未来是否像父母描述的那样充满挑战？自己是否有能力解决这些问题？这

些潜在的担忧和疑虑会让孩子心生焦虑、不安与恐惧。

生活中难免会遇到不如意的事，工作中也会碰到各种挫折。面对这些困难时，如果我们事事抱怨，总想着发泄情绪，而不去主动寻找解决问题的办法，我们就会形成思维惯性。短期来看，这样确实能带来一时的情绪释放，但从长远来看，这样只会给家庭生活和孩子带来深远的负面影响。

那么，作为父母，该如何改变这种状况呢? 首先，我们需要理解抱怨背后的心理动机。生活中的压力需要一个释放的出口，而抱怨之

所以成为我们的首选，是因为它是最容易的方式。然而，这种情绪上的宣泄只能带来一时的快感，它既不能真正缓解压力，也无法解决实际问题。

要走出抱怨的怪圈，首先，我们需要学会接纳。接纳生活中的不完美，接纳自己的局限性。当我们能以更平和的心态面对生活中的不如意时，就能够给孩子树立一个自洽和积极生活的榜样。这种自我接纳的态度不仅能帮助我们减少不必要的抱怨，还能让孩子学会用平和的心态面对人生的起起落落。

其次，我们需要将抱怨转化为前进的动力。当遇到困难时，我们不妨先分析问题产生的根源，然后思考适合的解决方案。比如，当你感到工作压力大时，不如想办法通过时间管理来提高工作效率；抱怨同事不配合时，不如想想如何提升人际沟通能力。这样不仅能够切实解决问题，还能以身作则，在潜移默化中教孩子如何将压力转化为前进的动力。

再次，我们要注意改变日常的表达方式。把"为什么总是这样"变成"我们来想想怎么改变"，把"太难了，做不到"转变为"虽然有难度，但我们可以试试"……这种积极的表达方式不仅能改善家庭氛围，还能帮助孩子建立面对挑战的信心。

最后，在日常生活中，我们还可以有意识地培养感恩的习惯。每天和孩子一起分享生活中的美好时刻，记录值得感恩的小事，关注生活中的正能量。这些看似简单的行为都能帮助自己和孩子形成积极的生活态度，减少不必要的抱怨。

改变抱怨的习惯不是一朝一夕的事，这需要我们保持足够的耐心。只有我们家长从自身做起，减少抱怨，才能形成良好的家庭氛围，给孩子带来积极的影响，进而为孩子创造一个充满正能量的成长环境。

准确识别自己的情绪

情绪是我们个体情感中不可或缺的一部分，识别和管理好自己的情绪，不仅能让我们过得更轻松愉快，也能为孩子创造一个更加稳定和谐的家庭环境。

情绪是我们对内外环境变化的反应，包括快乐、愤怒、悲伤、恐惧、惊讶等多种形式。情绪的产生是自然而然的，每个人都会有情绪波动。情绪本身并没有好坏之分，关键在于我们如何识别和管理它们。

识别情绪的过程，就像是为我们的内心世界打开了一扇窗户。当我们能够准确地识别自己的情绪时，我们就能够更好地理解自己的需求和感受，从而采取适当的行动来应对。同时，情绪识别也是情绪管理的第一步。只有先了解了自己的情绪，我们才能更好地调节和控制它们，避免因为情绪失控而对自己和他人造成伤害。

识别情绪并不是一蹴而就的过程，它需要我们不断地练习和反思。

当你感到情绪波动时，试着停下来，给自己几分钟时间，关注一下自己的内心。问问自己：我现在感觉如何？我为什么会有这样的感觉？这种自我关注的过程，可以帮助你更好地识别自己的情绪。

当你开始关注自己的情绪时，你可以试着给它们命名。比如，你可以说："我现在感到愤怒。""我感到有点沮丧。""我感到紧张。"……给情绪命名，可以帮助你更清晰地了解自己的感受，也更容易找到应对的方法。

了解情绪的来源对情绪识别非常重要。问问自己：是什么引发了我的情绪？是某个事件、某个人，还是某种想法？识别情绪的触发点可以帮助你更好地理解情绪的根源，从而更有效地管理它们。

我们的身体常常会对情绪做出反应。比如，当我们感到紧张时，可能会心跳加快，手心出汗；当我们感到愤怒时，可能会脸红脖子粗，呼吸急促。通过观察自己的身体反应，我们可以更准确地识别自己的情绪。

不同的情绪有不同的表现形式和特征。以下是几种常见情绪的识别方法，可以帮助你更好地了解自己的情绪。

· **愤怒**

愤怒是一种强烈的情绪反应，通常伴随着身体的紧张和冲动感。当你感到愤怒时，可能会有心跳加快、呼吸急促、肌肉紧张等身体反应。识别愤怒的关键，是要注意这些身体信号，以及你内心的冲动感。

· **悲伤**

悲伤是一种消极的情绪体验，通常伴随着失落、无助和疲惫感。当你感到悲伤时，可能会有食欲减退、失眠、注意力不集中等身体反应。识别悲伤的关键，是要注意这些身体变化，以及你内心的失落感。

· 焦虑

焦虑是一种不安和紧张的情绪体验，通常伴随着担心和害怕。当你感到焦虑时，可能会有心跳加快、手心出汗、胃部不适等身体反应。识别焦虑的关键，是要注意这些身体信号，以及你内心的不安感。

· 快乐

快乐是一种积极的情绪体验，通常伴随着满足和愉悦感。当你感到快乐时，可能会有心情愉快、精力充沛、笑容满面等表现。识别快乐的关键，是要注意这些积极的情绪和身体反应。

李女士是一位职业女性，每天的工作压力让她的心情时而如春光般明媚，时而如秋风般萧瑟。一天，李女士下班回家，发现儿子小明在客厅里乱丢玩具，家里一片狼藉。她顿时火冒三丈，开始责骂小明。小明被妈妈突如其来的怒火吓得哇哇大哭，整个晚上家里的气氛都充满了紧张和不安。

实际上，李女士的情绪波动不仅仅是因为小明的调皮，更是因为她自己在工作中积攒的压力没有得到释放。这时，李女士的朋友小丽建议她关注一下自己的情绪。

李女士听从了朋友的建议，每天给自己十分钟的时间，静静地坐在阳台上，闭上眼睛，深呼吸，然后问自己："今天我感觉如何？为什么会有这种感觉？"一开始，她发现自己会觉得焦虑、烦躁，甚至有时会有无名的怒火。但随着每天的练习，她逐渐能分辨出这些情绪的来源——工作中的小事、同事之间的小摩擦。

几周后，李女士再面对小明的调皮时，她不再立即大发雷霆，而是先深吸一口气，告诉自己："我的烦躁不完全是因为小明，而是因为今天的工作压力。"然后，她用温和的语气对小明说："小明，妈妈今天有点累，看到家里乱了有些不高兴。我们一起把玩具收拾好，好吗？"

小明看到妈妈不再生气，也很配合地和她一起整理玩具。家里的气氛明显变得和谐了许多。

通过识别自己的情绪，李女士更好地理解了自己，也学会用更温柔的方式与孩子沟通，让孩子在爱的浇灌下茁壮成长。情绪识别对亲子关系可以说至关重要。当我们能够准确地识别和管理自己的情绪时，我们就能够更好地应对家庭中的各种情况，给孩子提供一个安全、稳定的成长环境。

接纳自己的坏情绪

每个人都有情绪波动的时候，无论是快乐、愤怒、悲伤还是焦虑，这些情绪都是我们对生活的正常反应。情绪本身没有对错之分，重要的是我们如何处理和表达它们。

很多人认为坏情绪是不好的，是需要压抑和隐藏的。但其实坏情绪也是我们情感的一部分。它们告诉我们，内心有一些未解决的问题，需要我们的关注。压抑坏情绪不仅不能解决问题，还可能导致更大的心理压力，甚至引发身体疾病。

我们要学会接纳坏情绪，而不是压抑或忽视它们，要允许自己有不开心的时候，给自己一点时间和空间去处理这些情绪。

作为父母，我们常常希望在孩子面前表现得坚强和完美，但事实上，适当地表达自己的情绪反而有助于孩子的成长。孩子通过观察父母的行为，可以学会如何处理自己的情绪。如果我们总是压抑自己的坏情绪，孩子也会学着压抑自己，而不是正确地表达和处理情绪。

接纳坏情绪并不意味着我们要向孩子发泄情绪，而是让他们知道，情绪波动是正常的，每个人都有不开心的时候。通过这样的示范，孩子能够学会接受自己的情绪，从而发展出更好的情绪调节能力。

接纳坏情绪并不意味着沉浸在负面情绪中，而是要找到合适的方法来处理和表达它们。以下是一些实用的建议，可以帮助父母更好地接纳和处理自己的坏情绪。

· 识别情绪

学会识别自己的情绪非常重要。当你感到情绪波动时，停下来，问问自己："我现在感觉如何？为什么会有这样的感觉？"通过这种自我反思，你可以更清晰地了解自己的情绪。

· 表达情绪

找到合适的方式来表达你的情绪。你可以通过和朋友或家人聊天、写日记、画画等方式来表达自己的感受，让情绪得到释放。

· 寻求支持

不要害怕寻求帮助。如果你感到情绪难以控制，可以寻求专业的心理咨询师的帮助。心理咨询师可以帮助你找到情绪的根源，并提供有效的解决方案。

· 给予自己时间

当你感到不开心时，给自己一点时间和空间。你可以做一些让自己放松的事情，比如散步、听音乐、看电影等。通过这些活动，你可以让自己暂时脱离负面情绪，找到内心的平静。

当我们学会处理自己的情绪时，我们也能更好地帮助孩子处理他们的情绪。孩子的情绪调节能力是在家庭环境中逐渐培养起来的。作为父母，我们的情绪管理方式对孩子有着潜移默化的影响。

· 以身作则

孩子是天生的模仿者，他们会观察和学习父母的行为。我们要做的是给孩子树立一个好的榜样，让他们看到如何正确、有智慧地处理情绪问题。

· 教会孩子情绪管理

教会孩子识别和表达自己的情绪。当孩子感到愤怒或悲伤时，鼓励他们说出自己的感受，而不是压抑或忽视。通过这样的方式，孩子能够更好地理解和管理自己的情绪，从而发展出良好的情绪调节能力。

· 创造开放的家庭氛围

创造一个开放和包容的家庭氛围，让孩子感到安全和被接纳，让孩子知道，他们可以自由地表达自己的感受，而不会受到批评或指责。在这样的环境中，孩子能够更加轻松和坦然地面对自己的情绪问题。

给坏情绪找一个出口

作为父母，我们经常会遇到各种烦心事，工作上的压力、孩子的教育问题、生活中的琐事等，这些常常会让我们感到烦躁、焦虑。这些坏情绪不仅影响我们的心情，还会对孩子产生负面的影响。这个时候，我们需要给自己的坏情绪找一个出口，让它们尽快消散，回归乐观积极的状态。

情绪是我们对外界刺激的自然反应。坏情绪并不是敌人，而是我们内心的一种信号，提醒我们有些问题需要解决。坏情绪本身没有对错之分，关键在于我们如何应对和处理它们。

1. 学会释放坏情绪

试图压抑或忽视坏情绪，只会让它们在心里积累，最终爆发出来。我们需要给坏情绪找个出口，让它们得到释放。

· 深呼吸与放松练习

当你感到情绪失控时，试试深呼吸。深吸一口气，然后慢慢呼出，重复几次。深呼吸可以帮助你放松身体，减轻压力。你还可以尝试放松练习，比如渐进性肌肉放松法，通过逐步放松身体各部位的肌肉，达到身心放松的效果。

· 运动释放压力

运动是释放坏情绪的绝佳方法。当你感到心情不好时，去跑步、跳舞、打球，或者简单地做些拉伸运动，都可以帮助你释放内心的压力。运动不仅能分泌让人愉悦的内啡肽，还能让你暂时忘却烦恼，回归平静。

· 寻找兴趣爱好

找到一个自己喜欢的兴趣爱好，是处理坏情绪的好办法。无论是阅读、写作、绘画，还是烹饪、园艺、手工制作，都可以让你沉浸其中，忘却烦恼。这些活动不仅能让你放松心情，还能带给你成就感和

愉悦感。

· 倾诉与交流

有时候，我们需要把心里的不快说出来。找一个信任的朋友或家人，聊聊你的烦恼和感受。倾诉不仅能释放情绪，还能让你从别人的视角看待问题，获得新的解决思路。记住，有坏情绪不是你的错，每个人都会有情绪波动，重要的是我们如何应对。

· 写日记

写日记是一种非常有效的情绪管理方法。当你感到烦躁或不安时，把自己的感受写下来。写日记不仅能帮助你梳理思绪，还能让你更清晰地看到自己的情绪模式，找到应对的方法。写作是一个自我表达和情绪释放的过程，可以让你在字里行间找到内心的平静。

2. 坏情绪的正面作用

有趣的是，坏情绪并不全是负面的，它们也有正面作用。坏情绪可以帮助我们识别问题、激发行动力、提高适应能力。

· 识别问题

坏情绪常常是我们内心的一种信号，提醒我们有些问题需要解决。比如，愤怒可能意味着我们感到被不公正对待，焦虑可能意味着我们对未来的不确定感到担忧。通过识别坏情绪，我们可以更好地理解自己的需求和感受，从而找到解决问题的方法。

· 激发行动力

坏情绪可以激发我们的行动力，促使我们去解决问题。比如，当我们感到压力很大时，坏情绪可以激励我们去寻找减压的方法，如调

整工作计划、寻求支持等。通过积极应对坏情绪，我们可以变得更加坚强和有韧性。

· 提高适应能力

经历和应对坏情绪的过程，可以提高我们的适应能力。每一次成功地处理坏情绪，都是一次成长的机会。我们在这个过程中学会了如何应对挫折、处理冲突、解决问题，从而变得更加成熟和自信。

作为父母，我们的一言一行都会对孩子产生深远的影响。通过积极应对坏情绪，我们可以为孩子树立一个良好的榜样，让他们学会如何处理自己的情绪。

当孩子感到愤怒或悲伤时，父母要鼓励他们说出自己的感受，而不是压抑或忽视。通过这样的方式，孩子能够更好地理解和管理自己的情绪，从而发展出良好的情绪调节能力。要让孩子知道，他们可以自由地表达自己的感受，而不会受到批评或指责。在这样的环境中，孩子能够更加自信和坦然地面对自己的情绪。

即使情绪不佳，也请对孩子保持温柔

生活中总有那么一些时刻，我们会感到不开心。但无论发生了什么，作为父母，我们都需要温柔地对待孩子。因为孩子是十分敏感的，他们能够感受到父母的情绪变化。当我们不开心时，孩子会察觉到，甚至可能会因为父母的情绪波动而感到不安。如果在这种时候我们对孩子发火或对孩子很冷漠，孩子不仅会受到伤害，还可能误解为自己是问题的根源。这对他们的心理健康有很大的负面影响。

心理学家约翰·鲍尔比的依恋理论指出，孩子与主要照顾者之间的情感联系，对他们的情绪发展和心理健康有着深远的影响。温柔和稳定的情感交流，是孩子建立安全依恋的重要基础。因此，即使在我们感到不开心的时候，也需要保持对孩子的温柔。

温柔对待孩子，不仅有助于他们的情感发展，还能够提高他们的自信和社交能力。当孩子感受到父母的温柔和理解时，他们会觉得自己是被爱的，是被重视的。这种感觉能够让他们在成长过程中更加自信，面对挫折时也更加坚强。

此外，温柔的对待还能够为孩子树立良好的情绪管理榜样。孩子通过观察父母的行为，还能学会如何处理自己的情绪。当我们能够在不开心时仍然保持温柔，这样孩子也会用积极的方式来应对情绪波动。

那么，在情绪低落的时候，我们该如何保持对孩子的温柔呢？

· 承认自己的情绪

首先，我们需要承认自己的情绪。每个人都会有不开心的时候，这很正常。重要的是，我们要学会接纳自己的情绪，而不是压抑或忽视它们。承认自己的不开心是情绪管理的第一步。

· 找到情绪的出口

找到一个健康的方式来释放你的情绪。你可以通过写日记、运动、听音乐或者与朋友倾诉来释放情绪。这不仅能够让你感到轻松，也能够避免在情绪低落时对孩子发火。

· 暂时离开现场

当你感到情绪失控时，试着暂时离开孩子，给自己一些时间和空间来冷静下来。你可以去另一个房间，深呼吸几次，或者喝杯水，让自己平静下来。等情绪稳定后，再回到孩子身边。

· 用平和的语气说话

在情绪低落时，尽量保持平和的语气与孩子交流。即使你感到心烦意乱，也要控制自己的语调，不要对孩子大喊大叫。平和的语气不仅能够避免伤害孩子的感情，还能够让你自己感到更加镇定。

· 向孩子解释你的感受

适当地向孩子解释你的感受。你可以说："妈妈今天有点不开心，但这不是你的错。"让孩子知道你的情绪不是因为他，而是由于其他原因。这样能够避免孩子产生不必要的自责和不安。

·保持亲密接触

温柔地拥抱孩子，或者轻轻地摸摸他们的头发，都是表达温柔的方式。身体的接触能够传递温暖和爱意，让孩子感到安心。即使你心情不好，这样的亲密接触也能够让你感到更加平静。

小玲是一位全职妈妈。一天，她因为家务琐事和孩子的吵闹而感到烦躁不安，情绪低落。小玲意识到，自己需要找个方式来平复情绪。于是，她把孩子们安顿好，给自己倒了一杯茶，然后静静地坐在阳台上深呼吸了几次。

几分钟后，小玲感觉情绪稍微平复了一些。她回到孩子们身边，

用平和的语气对他们说："妈妈刚才有点不开心，但不是因为你们，是因为妈妈自己需要一些时间来冷静一下。"孩子们看着妈妈，点了点头，继续玩他们的游戏。

　　小玲用温柔的态度对待孩子，避免了情绪失控对孩子产生的负面影响。通过这样的方式，孩子们不仅感受到了妈妈的爱和理解，也学会了如何应对情绪波动。

　　温柔应对不仅对孩子的情感发展有积极影响，还能够帮助孩子建立良好的行为模式。孩子在温暖和理解的环境中成长，会变得更加自信和独立。他们能够学会用积极的方式来处理自己的情绪，而不是通过发脾气或冷漠来掩饰自己的感受。

　　此外，温柔应对还能够帮助父母和孩子建立良好的亲子关系。当孩子感受到父母的温柔和理解，他们会更加信任父母，愿意与父母分享自己的感受和困惑。这样，亲子之间的沟通会更加顺畅，家庭氛围也会更加和谐。

第四章

静下心来，
与自己聊聊天

在忙碌的日常生活中，我们总是在为家庭、工作、孩子奔波，很少有时间停下来好好地和自己聊聊天。当你静下心来，通过与自己聊聊天的方式，你会发现自己不仅能变得更轻松愉快，还能更好地应对生活中的各种困难。

内心平静，更有力量

　　你是否曾在怒火中对孩子大吼大叫，事后又感到深深的懊悔？或者在孩子面前表现得焦虑不安，让他们也随之紧张？这种时候，你会发现，越是急躁，越无法达到理想的效果。相反，当你内心平静时，言行举止都会变得更有力量，更具说服力。

　　古语有云："静以修身。"内心的平静能够让我们在面对困境和挑战时不慌不乱，理智应对。作为父母，保持内心的平静，不仅有助于我们做出明智的决定，还能为孩子树立一个榜样，让他们感受到安全和可靠。

　　孩子的内心往往比较活跃，但同时也伴随着许多的不确定和焦虑。当他们看到父母平静、从容地应对生活中的各种状况时，他们会感到更加安心，也会愿意听取父母的建议。试想一下，如果孩子在考试前紧张得睡不着觉时，你也表现得焦虑不安，那么不仅帮不到孩子，反而会让他们更加不安。反之，如果你能够保持冷静，并告诉孩子："没关系，只要尽力就好。"孩子就会感受到一种无形的力量，从而安心备考。在这样的氛围中，孩子会更愿意与你沟通，也更愿意听从你的指导。

　　我们不妨看看身边那些优秀的父母，他们往往在面对孩子的问题时表现得非常镇定。他们会在孩子犯错时温和而坚定地指出问题，而不是大发雷霆；会在孩子遇到困难时给予鼓励和支持，而不是一味地指责和批评。

有一次，我的朋友小李就遇到了这样的情况。他的儿子小明在学校因为打架被老师批评。小李本来很生气，但他深吸一口气，让自己冷静下来，然后和小明坐下来谈话。他温和地问小明："今天在学校发生了什么？"小明不情愿地说出事情的经过。小李没有急于责备，而是在倾听完后，告诉小明："打架是不对的，但爸爸知道你可能有你的理由。我们一起来想办法解决，好吗？"这种冷静而有力的沟通让小明明白了自己的错误，并愿意改正。

当父母保持内心的平静，孩子也会受到感染，变得更加镇定和自信。每天早晨，如果我们能用微笑迎接孩子，而不是因为各种琐事而烦躁不安，孩子的心情也会跟着好起来。

心理学研究表明，情绪是可以传染的。当一个家庭的氛围平和、温馨，孩子自然会感到安全和幸福。反之，如果父母经常因为小事争吵或表现出焦虑不安，孩子也会变得易怒、焦虑，甚至出现行为问题。

既然内心平静如此重要，那么我们该如何在繁忙的日常生活中保持平静呢？

· 深呼吸

深呼吸是一种简单而有效的放松方法。当你感到情绪波动时，不妨停下来，深吸一口气，然后慢慢呼出。这样可以帮助你放松心情，恢复平静。

· **确定优先级**

有时候，我们感到焦虑是因为有太多的事情需要处理。学会确定优先级，分清哪些是紧急的，哪些是可以稍后处理的，可以减轻我们的压力。

· 寻找支持

作为父母，我们并不需要独自承担所有的压力。与伴侣、朋友或专业人士交流，寻求他们的支持和建议，可以帮助我们更好地应对各种问题。

· 保持健康的生活方式

充足的睡眠、健康的饮食和适度的运动，都是保持内心平静的重要因素。当我们身体健康时，心情也会更好，面对问题时也能更加冷静。

· 学会放手

有些事情，我们无法控制，不如学会放手，接受它的存在。孩子的成长过程中，难免会有一些让我们担心和焦虑的事情，但正是这些经历才能让他们学会独立和坚强。

保持内心平静是我们作为父母给孩子最好的礼物之一。当我们能够冷静应对各种问题时，孩子也会受到感染，变得更加自信和从容。

建立正面的自我形象

我们常说"父母是孩子的第一任老师"。这不仅体现在知识的传授上，在为人处世、性格品质等方面，父母都是孩子的榜样。作为父母，如果我们自己具有积极向上、善良、勤奋、勇敢等美好的品质，那么我们在言谈举止间就会自然而然地将这些品质传递给孩子。

当父母充满自信地面对生活中的每一天，孩子看到的就是对自己充满认同和自信的父母，这样的形象对他们而言是有力的榜样。

1. 发现自己的闪光点

每个人都有自己的优点。生活中，我们可能会在琐碎的事务中忽视这些闪光点，但其实它们是我们正面自我形象的基础。

我有一个朋友小李，他是一个十分勤奋的人。即使工作再忙，他也总能抽出时间读书学习。他的孩子看到父亲如此勤奋，也在学习上表现得非常积极。在学校的科学比赛中，小李的儿子小明获得了第一名，而这正是得益于他受到父亲勤奋好学的影响。

2. 记录和回顾自己的成就

可以试着每天记录下自己完成的一些小事，无论是家庭中的琐事还是工作中的成就。定期回顾这些记录，你会发现自己其实做了很多值得骄傲的事情。这种回顾能够帮助我们更好地看到自己的价值，从而增强自信心。

　　小张是一位非常细心的母亲。她每天都会记录自己和孩子相处的点滴。通过这些记录，她发现自己在教育孩子方面很有心得，这极大地增强了她的自信心，也让她从内心接受并认可自己。

3. 坚持自己的信念

　　坚持自己的信念是建立正面自我形象的关键。每当你面对困难和挑战时，坚定地告诉自己："我可以做到，我有能力解决问题。"这种信念不仅会增强你的自信心，还会让孩子看到你的坚韧和勇敢。

　　王姐在事业上非常成功，她总是充满信心地面对每一个挑战。她的孩子在她的影响下，也学会了勇敢面对困难。在一次学校的演讲比赛中，她的女儿小希凭借出色的表现获得了第一名。小希说："我一直相信自己可以做到，因为妈妈总是说我很有能力。"

　　孩子是父母的镜子。我们怎样对待自己，孩子也会怎样对待自己。如果我们对自己充满信心，孩子也会变得自信；如果我们善于发现自己的优点，孩子也会学会欣赏自己。以身作则，是最有力的教育。

4. 用积极的语言和行为影响孩子

　　平时我们和孩子交流时，不妨多使用一些积极的语言。例如，当孩子完成了一件事情，我们可以说："你真棒，做得很好！"而不是简单地说："不错。"这种积极的语言能够增强孩子的自信心。

　　一天，我的朋友小李和他的儿子小明来我家做客。小明刚刚在学校的期末考试中取得了全班第一的好成绩，他的脸上洋溢着自信和喜悦。我忍不住好奇地问小李："是什么让小明如此出色?"小李笑着说："这一切都要归功于一家人的努力和支持。"

小李是一家公司的经理，工作上表现十分出色。他总是充满自信，积极向上，并且非常勤奋。无论遇到多大的困难，他总是笑着面对，他常说："只要坚持不懈，问题总能解决。"这种积极乐观的态度深深感染了小明。

有一次，小明的数学成绩出现了下滑，他感到非常沮丧。小李没有责备他，而是坐下来和他一起分析问题，寻找解决方法。他告诉小明："每个人都会遇到困难，重要的是我们要有勇气去面对它们。爸爸相信你能做好。"在父亲的鼓励下，小明重新振作起来。

小李不仅在言语上给予孩子鼓励，还做出了实际行动。他每天早晨早起锻炼，晚上加班后还会抽出时间陪小明做作业。小明看在眼里，记在心里，父亲的榜样力量让他明白了努力和坚持的重要性。

小明对我说:"我爸爸是我的英雄。他工作很忙,但总能抽出时间陪我学习,还教我很多做人的道理。我也想像爸爸一样,成为一个优秀的人。"对爸爸的崇拜激励着小明在学业上不断进步。

学校里,老师经常夸奖小明。每当这个时候,小明总是自豪地说:"这是我从爸爸那里学来的,他是我的榜样。"在父亲的影响下,小明不仅在学习上取得了优异的成绩,还在生活中表现得自信、坚强。

在期末考试前夕,小明有些紧张。小李温和地对他说:"无论结果如何,你都是爸爸心中的骄傲。只要你尽力了就好。"小明点点头,带着父亲的鼓励和信任,充满自信地走进了考场。最终,他取得了全班第一的好成绩。

小明回到家后满怀自豪地对爸爸说:"爸爸,我做到了!"小李看着儿子那双明亮的眼睛,心里充满了欣慰和骄傲。

父母的榜样力量对孩子的成长有着深远的影响。当父母展现出积极向上的品质时,孩子不仅会以父母为榜样,更会努力上进,追求卓越。正是这种积极的自我形象和榜样力量让孩子在学业和生活中不断进步。

持续复盘，每天改进一点点

在现代快节奏的生活中，许多人都在努力平衡工作和家庭，追求更好的生活质量。然而，在这一过程中，父母往往忽视了一个重要的环节——自我复盘和持续改进。这不仅对我们自身的成长有着重要意义，也能为孩子树立一个良好的榜样。每天对自己进行复盘，找出可以改进的地方，逐步调整和优化，不仅可以让自己不断进步，还能潜移默化地影响孩子，培养他们积极进取的态度。

自我复盘是一种对自己的行为、决策进行反思和总结的过程。通过这种方式，我们可以发现自己的不足，找到改进的方法，从而不断提升自己的能力和素质。而这又会进一步让我们在工作和生活中更加游刃有余。

进行自我复盘并不复杂，可以从以下几个方面入手：

· 回顾一天的经历

每天晚上抽出一些时间，回顾一下这一天发生的事情。想一想今天做了哪些事情，遇到了哪些问题，自己是如何处理的。这不仅有助于我们整理思路，还能帮助我们更好地理解和分析自己的行为。

· 发现优点和不足

在回顾的过程中，找到自己做得好的地方，同时也要勇敢地面对自己的不足。对于做得好的地方，要给予自己肯定和鼓励；对于不足之处，要思考如何改进和提高。

· 制订改进计划

根据发现的问题，制订一个切实可行的改进计划。这个计划不需要太复杂，可以从一些小事做起，比如明天要更加注意时间管理，或者在沟通中更加耐心。通过每天一点点的改进，逐步提升自己的能力和素质。

父母的行为和态度对孩子有着深远的影响。当我们坚持每天进行自我复盘，不断改进自己时，孩子也会从中受到启发，学习到积极进取的态度和行为方式，并用同样的方式对待自己的学习和生活。

通过观察父母的自我复盘过程，孩子可以获得自我反省的能力。这种能力对于他们的成长和发展至关重要。一个懂得自我反省和改进的孩子，不仅在学业上会取得好成绩，在人际关系和未来的职业发展中也会更加顺利。

当父母每天坚持自我复盘，逐步改进自己时，孩子会看到父母的进步和成就，这会增强他们的自信心。他们会明白，只要坚持努力，不断反思和改进，自己也可以取得优异的成绩。

作为一名全职妈妈，小张每天忙碌于家庭事务和孩子的教育。起初，她觉得自己在教育孩子方面并没有太多经验，经常感到无助和焦虑。后来，她开始每天进行自我复盘，回顾一天的经历，找出自己的优点和不足，并制订改进计划。

每天晚上，小张都会拿出一个小本子，记录下今天发生的事情。

她会写下自己在教育孩子的过程中做得好的地方，比如今天耐心地帮助孩子完成了作业；她也会反思自己的不足之处，比如在孩子调皮捣蛋时没有控制好情绪。然后，她会思考如何改进这些不足，比如后面要更加耐心地与孩子沟通，避免和克服自己的急躁情绪。

通过这种持续的自我复盘和改进，小张逐渐变得更加自信和从容。她发现自己在教育孩子方面越来越得心应手，孩子也变得更加听话和懂事。小张的孩子看到母亲每天都在努力改进自己，也受到鼓舞，开始学着用同样的方式反思和改进自己的学习和行为。

为了让自我复盘成为一种家庭习惯，我们可以采取一些具体的措施，让全家人都参与进来，共同成长和进步。

· 制定家庭复盘时间

每天晚上，我们可以安排一个家庭复盘时间，全家人一起回顾一

天的经历。每个人都可以分享自己做得好的地方和不好的地方，然后一起讨论如何改进和提高。这不仅能增进家庭成员之间的沟通和了解，还能让全家人共同成长和进步。

· **设立复盘记录本**

我们还可以为每个家庭成员准备一个复盘记录本，每天记录下自己的复盘内容。这不仅能帮助我们更好地反思和总结，还能成为以后回顾和反思的宝贵资料。

· **给予鼓励和支持**

在复盘过程中，我们要给予每个成员充分的鼓励和支持，对于做得好的地方，要给予肯定和表扬；对于需要改进的地方，要给予建设性的建议和帮助。这样不仅能增加家庭成员的自信心和积极性，还能让他们听到不同的建议和想法，为接下来的改进提供方向。

· **设定小目标**

为了让复盘和改进更加有针对性，我们可以为自己设定一些小目标。例如，本周要改进的地方是时间管理，下周要改进的地方是沟通技巧。通过设定小目标，我们可以更有针对性地进行改进，逐步提升自己的能力和素质。

第五章

父母树立自尊自爱的
形象能够感染孩子

在家庭教育中，我们常常会将目光聚焦在如何培养孩子的自信心和自尊心上，却忘记了父母的自尊自爱是孩子最好的榜样。父母如何看待自己，如何对待生活，不仅决定了自己的生活质量，也深深影响着孩子的一生。

自尊自爱，给孩子树立榜样

自尊自爱，顾名思义，就是尊重和爱护自己。这不仅包括对自己外貌、健康的关注，还包括对自己内在价值的认可。自尊自爱的父母懂得欣赏自己的优点，也能接纳自己的不足。他们会用积极的态度面对生活，不会轻易被困难击倒。因此，他们不仅能够保持良好的心理状态，还能通过言传身教，影响孩子的成长。

孩子会模仿父母的行为和态度。如果父母懂得自尊自爱，孩子也会从中学到如何尊重和爱护自己。这种影响是潜移默化的，也是深远而持久的。一个懂得自尊自爱的孩子，往往更加自信、乐观，能够更好地应对生活中的各种问题。

父母的自尊自爱会让孩子学会欣赏自己的优点，建立正面的自我形象。比如，当父母在面对镜子时，能够自信地微笑，欣赏自己的外貌，孩子也会学着接受和喜欢自己的样子。这种积极的自我认同感对孩子的心理健康非常重要。

自尊自爱的父母往往更加自信，他们敢于面对挑战，不怕失败，能够从容应对各种问题。孩子在这样的家庭环境中成长，也会受到影响，变得更加自信。自信心的建立对孩子在学习、交友以及未来的职业发展中有着重要的意义。

自尊自爱的父母懂得尊重他人，善于与人沟通，能够建立健康和谐的人际关系。孩子在这样的氛围中成长，也会学会如何与他人相处，建立良好的人际关系。这种能力对他们的成长和发展至关重要。

　　自尊自爱的父母不仅能够提升自己的生活质量，还能对整个家庭产生积极的影响。当父母懂得尊重和爱护自己时，整个家庭的氛围也会变得更加和谐和温馨。孩子在这样的环境中成长，也会变得更加自信和乐观。

　　一天早晨，李先生和女儿小美在小美学校附近的早餐店吃早餐。这时，邻居家的孩子拿着一张奖状来炫耀，说自己在学校的比赛中获得了第一名。小美突然心里有些失落，因为她在学校的绘画比赛中没有获奖。她低着头对爸爸说："爸爸，我没有得奖，我是不是不够好？"

　　李先生微笑着对小美说："小美，你知道吗，得奖并不是衡量一个人好不好的唯一标准。每个人都有自己的长处，爸爸工作的时候也不是每次都能拿第一。只要你尽力了就是最棒的。"

　　小美抬起头，看着爸爸那自信而坚定的眼神，心中的阴霾逐渐散去。她问："爸爸，你怎么总是那么自信？"

　　小李说："这是因为爸爸学会了自尊自爱。我每天都会花时间思考自己做得好的地方和需要改进的地方，尊重自己的努力和进步。无论结果如何，我都不会轻易否定自己，因为我知道，我的价值不只在于结果，更在于过程中的每一份付出和努力。"

　　这番话深深地触动了小美。她开始意识到，自尊自爱并不是依赖于外界的认可，而是来自自己内心的肯定和接纳。从那天起，小美学着像爸爸一样，每天晚上写下自己做得好的地方，以及明天可以改进的部分，她在心里对自己说："我很棒，我在进步，我值得尊重和爱。"

　　不久之后，小美又参加了一次绘画比赛。虽然她依旧没有拿到第一名，但这次她并没有感到失落。相反，她开心地对爸爸说："爸爸，我很享受这次参赛的过程，虽然没有拿奖，但我知道我已经进步了很多。"

小李听后欣慰地说："小美，爸爸为你感到骄傲。你学会了尊重和爱护自己，每一次进步都是值得鼓励的。"

小李通过自己的自尊自爱感染了小美，并培养了她的自信心和积极的生活态度。

作为父母，我们要时刻提醒自己，自尊自爱不仅是对自己负责，更是对孩子负责。当我们与孩子坦诚交流，给予孩子足够的尊重和支持时，孩子能够感受到浓浓的爱意和安全感，心理也会发展得更加健康，更好地做到自尊自爱。

尊重自己，尊重伴侣，也尊重孩子

在家庭中，尊重是建立和谐关系的基石。尊重不仅意味着礼貌和体贴，还包含了理解和接纳。作为父母，我们不仅要尊重自己，还要尊重伴侣和孩子，只有这样才能营造出一个温暖、和谐的家庭环境，让每个家庭成员都感受到被重视和爱护。

1. 尊重自己：从内心开始

尊重自己是尊重他人的前提。只有学会尊重自己，才能真正理解和尊重他人。尊重自己不仅包括对自己外貌、健康的关注，还包括对自己内在价值的认可。一个懂得尊重自己的人，能够坦然面对自己的优点和不足，以积极的态度面对生活。

· 接纳自己的不足

接纳自己的不足并不意味着不再进步，而是对自己多一份包容和理解。当我们能够坦然接受自己的不完美并勇敢面对时，孩子也会拥有健康的自我认同感。

· 关注自己的健康

尊重自己，首先要从关注自己的健康开始。我们要保持健康的生活方式，定期锻炼，合理饮食，保证充足的睡眠。这些不仅有助于我们的身体健康，还能提升我们的精神状态。照顾和教育孩子需要父母

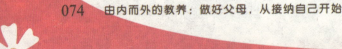

的身体和精神都保持较好的状态。

·培养兴趣爱好

培养自己的兴趣爱好不仅能够丰富我们的生活，还能提升我们的自我认同感。无论是读书、绘画、音乐，还是运动、旅行，只要是自己喜欢的，都可以去尝试和体验。通过这些兴趣爱好，我们能够发现更多的自我价值，从而更加认可自己，并做一个自尊自爱的人。

2. 尊重伴侣：爱与理解的纽带

尊重伴侣是维系婚姻和家庭幸福的重要因素。夫妻之间的尊重不仅包括对彼此感受和意见的重视，还包括理解和支持对方的梦想和追求。尊重伴侣能够增强彼此之间的信任和亲密感，为孩子树立一个良好的榜样。

·倾听与理解

倾听是尊重伴侣的重要表现。在日常生活中，我们要学会倾听伴侣的心声，理解他们的感受和需求。在伴侣遇到问题或压力时，我们要耐心倾听，不急于打断或给出建议，让他们感受到你的关心和支持。

·支持与鼓励

每个人都有自己的梦想和追求，作为伴侣，我们要学会支持和鼓励对方追求自己的梦想。无论是事业上的发展，还是兴趣爱好的追求，我们都要给予伴侣足够的支持和鼓励，让他们感受到你的理解和尊重。这样不仅能增强彼此之间的感情，还能让家庭关系更加和谐。

· 共同承担责任

在家庭生活中，责任的分担也是尊重的一部分。夫妻之间要共同承担家庭的责任，包括照顾孩子、料理家务、处理财务等。我们可以通过合理分工和相互协作来减轻彼此的负担，增强家庭的凝聚力。

3. 尊重孩子：理解与引导的艺术

尊重孩子是让孩子健康成长的关键。尊重孩子不仅包括倾听和理解他们的想法和感受，还包括给予他们足够的空间和自由，鼓励他们独立思考和行动。通过尊重孩子，我们能够帮助他们建立自信，培养他们的独立性和责任感。

· 倾听孩子的声音

倾听孩子的声音是尊重他们的重要表现。在日常生活中，我们要耐心倾听孩子的想法和感受，理解他们的需求和困惑。当孩子遇到问题或困难时，父母不要急于批评或指责，而是通过倾听和沟通，帮助他们找到解决问题的方法。

· 给予自由与空间

给予孩子自由和空间是培养他们的独立性和责任感的重要方式。父母要允许孩子尝试和探索，给予他们足够的自由和空间，让他们在实践中学习和成长。通过这种方式，孩子能够更好地发现自己的兴趣和特长，培养独立思考和解决问题的能力。

· 适度的引导与支持

尊重孩子并不意味着放任自流。在给予自由和空间的同时，父母也要适度地引导和支持他们，帮助孩子建立正确的价值观，培养他们的自律和责任感。

　　小李和小张是我认识的一对夫妻，他们在工作和家庭中都表现得非常出色。小李是一名工程师，小张是一位教师，他们有一个五岁的儿子小明。小李和小张在日常生活中非常注重尊重自己和尊重家人，这让他们的家庭充满了爱与温暖。

　　每天早上，小李都会抽出时间锻炼身体；小张则会利用空闲时间读书、写作，培养自己的兴趣爱好。他们都认为，只有先保证自己的身体和精神状态，才能更好地照顾家庭。

　　在夫妻关系中，小李和小张相互尊重，理解和支持对方的梦想和追求。小李在工作中遇到问题时，小张总是耐心倾听，给予鼓励和

建议；小张在工作中遇到困难时，小李也会积极支持，帮助她解决问题。通过倾听和理解，他们增强了彼此之间的信任和亲密感。

在教育孩子时，小李和小张会非常尊重小明的想法和感受。他们会耐心倾听小明的意见，给予他足够的自由和空间，让他在探索和实践中成长。当小明遇到问题时，他们不会急于批评，而是通过倾听和沟通，帮助他找到解决问题的方法。通过这种方式，小明不仅自信、独立，还懂得尊重自己和他人。他在学校里表现出色，与同学相处融洽，得到了老师和同学们的喜爱。

作为父母，我们要时刻提醒自己，要尊重自己和伴侣，同时尊重孩子，为孩子营造一个温暖、和谐的家庭环境，让每个家庭成员都感受到被重视和爱护。

自尊自爱影响孩子一生

　　自尊自爱是孩子健康成长和未来发展的重要基础。一个懂得自尊自爱的孩子，不仅在童年时期能够快乐、自信地面对生活，更能在未来的人生道路上拥有积极的态度、强大的内心和良好的人际关系。

　　自尊自爱的孩子往往具有较强的抗压能力。他们懂得通过积极的自我对话来调节情绪，保持心理平衡。在面对压力和困难时，他们能够保持冷静和自信，不会被轻易打败。例如，当在学业上遇到挑战时，自尊自爱的孩子不会轻易放弃，而是会积极寻找解决办法，相信自己能战胜困难。这种抗压力不仅能帮助他们在学校取得好成绩，也有助于他们未来的职业发展。

　　自尊自爱的孩子善于与人沟通，能够建立健康和谐的人际关系。无论是在学校还是在未来的工作中，自尊自爱的孩子都能够有效地与他人合作，解决学习和工作中的难题，与他人建立良好的关系。

　　自尊自爱的孩子具有较强的独立性和自主性。他们懂得尊重自己的需求和感受，能够独立思考和解决问题。这种独立性有助于他们在未来的生活中取得成功。比如，在选择职业道路时，自尊自爱的孩子能够根据自己的兴趣和能力做出明智的决定，而不是轻易受到外界压力的影响。他们在工作中也往往表现得更加自主和负责，能够更好地完成工作任务。

自尊自爱的孩子往往表现出全面发展的潜力。他们常常在学业、社交、情感等方面都表现得很积极，能够全面发展自己的潜力和能力。他们对自己充满信心，愿意尝试新的事物，挑战自我。例如，他们可能会在学习之余参加各种课外活动，多方面尝试，从而培养出各种兴趣和才能。全面发展会使他们在未来的生活中拥有更多的选择和机会。

自尊自爱的孩子在面对困难时能够积极应对，不轻易否定自己。无论是遇到学习上的困难，还是人际关系问题，他们往往都能够从容应对。这些孩子在长大后也常常不畏惧失败，敢于追求自己的梦想。

懂得自尊自爱的孩子更加了解自己的需求，这使得他们在面对选择时能够做出明智的决策。他们不会盲目跟随他人的意见，而是会根据自己的判断做出最佳选择。无论是选择大学专业、职业道路，还是在个人感情生活中，他们都会展现出成熟、理性的思考和决策能力。这种能力可以帮助他们在人生的各个阶段都能做出最优的选择，并最终实现自己的目标。

自尊自爱的孩子懂得珍惜和保护自己。他们对自己的身体和心理健康有清晰的认知，能够拒绝不良行为和危险活动。在面对诱惑和压力时，他们能够坚守自己的原则，不轻易妥协。例如，在面对同伴的压力时，他们会坚决拒绝吸烟、酗酒或其他危险行为，保护自己的身体和心理健康。这样的自我保护意识有助于他们在复杂的社会环境中

安全成长，避免受到不良影响。

自尊自爱的孩子通常拥有积极乐观的生活态度。他们能够看到生活中的美好，享受每一个小小的成功和快乐。在遇到困难和挫折时，他们不会轻易气馁，而是会积极寻找解决办法，迎难而上。这种积极的生活态度使他们在成长过程中能够保持乐观的心态，拥有更强的幸福感和满足感。

自尊自爱对孩子的一生有着深远的影响。它不仅帮助孩子在成长过程中建立自信、应对压力，还能提升他们的社交能力、决策能力和自我保护意识。一个懂得自尊自爱的孩子能够全面发展自己的潜力，拥有积极乐观的生活态度，在未来的人生道路上也能走得更加稳健。

第六章
营造和谐的家庭氛围

在家庭生活中，我们常常扮演着超级英雄的角色，尽力满足每个家庭成员的需求。然而，在这个过程中，我们也要看到自己的需求，处理好自身发展和家庭发展的关系。只有真实地表达自己、处理好家庭成员之间的关系，才能实现自身和家庭的长远发展，营造和谐的家庭氛围。

如何在家庭中表达真实的自己

家庭是每个人心灵的港湾，是我们感受爱与被爱的地方。然而，在家庭生活中，父母常常为了照顾孩子和家庭的需求，忽略了自己的感受和需求。许多父母习惯性地隐忍，把自己的情绪和想法压在心底，久而久之，这种压抑会影响家庭关系的和谐。

在家庭中，表达真实的自己有助于建立信任和互相理解。真实的表达能够让家人更好地了解你的需求和感受，从而形成更加紧密的关系。相反，长期的隐忍和压抑不仅会导致个人情绪的积累和爆发，还会让家人之间产生误解和隔阂。因此，学会在家庭中表达真实的自己是维持家庭和谐和幸福的关键。

1. 学会倾听

有效的沟通始于倾听。在家庭中，每个人都有自己的想法和感受，学会倾听是尊重家人、理解彼此的基础。当你认真地倾听时，不仅能够更好地理解对方的需求，还能让对方感受到被重视和尊重。

2. 表达真实的感受和需求

在家庭中，我们常常会遇到各种矛盾和冲突，这时，学会表达真实的感受和需求尤为重要。隐藏自己的情绪和想法虽然可以暂时避免冲突，但从长远来看，这种做法会导致更多的问题发生。因此，勇敢地表达自己的感受和需求是解决问题的关键。

在表达自己的感受时，我们可以用以"我"开头的陈述，而不是指责对方。例如我们可以说"我觉得很累，需要一些时间休息"，而不是"你总是让我觉得很累"。在陈述时，我们要明确描述具体的问题，而不是泛泛而谈。例如，"我希望我们能一起分担家务"的表述会比"你从不帮忙"更有效。只有清楚地表达自己的需求，对方才知道如何配合和支持你。

在家庭生活中，矛盾和冲突是不可避免的，关键在于我们如何处理这些矛盾，找到平衡点。通过有效的沟通，我们可以共同寻找解决方案，满足各方的需求。

在讨论问题时，我们要保持冷静和理性，避免情绪化的争吵。我们可以通过家庭会议的形式，共同制定规则和明确分工，让每个人都参与决策。在解决矛盾时，我们要尽量寻找让双方都能接受的双赢方案，而不是一方妥协另一方。

在学习真实表达的过程中，我们要注意避免一些常见的误区。这些误区不仅会阻碍有效的沟通，还可能加剧家庭矛盾。

· 误区一：情绪化表达

当我们带着强烈的情绪表达自己的想法时，可能会引发对方的防御和反击，导致沟通失败。我们要尽量控制情绪，用平和的语气和态度进行沟通。

· 误区二：指责和抱怨

指责和抱怨不仅无法解决问题，还会让对方感到被攻击和不被尊重。我们在沟通中可以通过描述事实和表达感受来进行沟通。

· 误区三：以自我为中心

沟通时只关注自己的需求，而忽略对方的感受和需求，这是一种以自我为中心的表现。有效的沟通应是双向的，既要表达自己的需求，也要倾听和理解对方的需求。

在家庭中展现真实的自我，对于保持家庭和谐和幸福至关重要。通过有效沟通，我们可以与家人取得共识，平衡多方的需求，共同营造和谐的家庭氛围。

与伴侣共同进步

家庭就像是一艘航行在大海上的船，夫妻双方就是这艘船的船长。为了让家庭这艘船顺利前行，我们需要不断调整方向，彼此扶持，共同进步。与伴侣共同成长，不仅能让夫妻关系更加紧密，还能为孩子树立积极的榜样，培养他们积极向上的生活态度。

1. 设定共同的目标

确立共同的目标是夫妻共同成长的第一步。没有目标的生活就像在大海中失去方向，很容易迷失。夫妻双方可以一起设定一些共同目标，这些目标可以涵盖生活的各个方面，包括事业、家庭、健康、财务、兴趣爱好等。这样做不仅能增强夫妻之间的默契与团结，还能为家庭的未来发展提供清晰的方向。

夫妻双方可以在每个月或每个季度抽出时间坐下来，讨论各自的目标和家庭的目标。这样不仅能确保双方的目标一致，还能明确家庭未来的发展方向。在设定目标后，我们可以制订具体的行动计划，以确保目标的实现。例如，如果目标是提高健康水平，我们就可以制订每日运动计划和健康饮食方案。无论目标的大小，只要实现了，就应该庆祝一下。通过庆祝成就，夫妻双方可以增强信心，激励彼此继续努力。

2. 互相支持与鼓励

在共同成长的过程中，互相支持与鼓励是关键。每个人在成长的过程中都会遇到困难和挫折，伴侣的支持和鼓励可以帮助我们渡过难关，重新振作。在伴侣遇到困难时，不要急于给出建议，而是通过倾听让他们感受到你的关心和理解。在伴侣取得进步时，我们要给予积极的反馈和赞扬。正向的反馈可以增强伴侣的信心，让他们感受到你的认可和支持。当遇到问题时，我们可以与伴侣一起寻找解决方案。这样不仅有助于解决问题，还能增进夫妻之间的感情和信任。

3. 共同学习与成长

共同学习是夫妻共同成长的重要途径。夫妻双方可以通过一起学习新知识、掌握新技能，提升自我，进而提高整个家庭的素质。夫妻双方可以一起参加一些学习活动，比如读书会、讲座、工作坊等，共同学习可以增加共同话题，增进感情；可以培养共同的兴趣爱好，无论是烹饪、运动、音乐还是旅行，共同的兴趣爱好也能丰富生活，增进感情。

4. 建立健康的沟通模式

良好的沟通是夫妻共同成长的基础。通过有效的沟通，夫妻双方可以更好地理解彼此的需求和感受，解决矛盾，增进感情。在沟通中，我们要保持开放和诚实的态度，坦诚表达自己的想法和感受。只有在真诚的基础上，才能建立起深厚的信任。即使意见不一致，我们也要尊重对方的观点和感受。夫妻还能定期进行深度沟通，比如每周安排一次"约会之夜"，专门用来交流和讨论家庭事务和个人想法。

5. 共同面对生活中的变化

生活中的变化是不可避免的，夫妻双方需要共同面对，适时调整家庭目标和计划，保持家庭的稳定和幸福。在遇到变化时，我们可以通过共同商讨，找到适应变化的方法，还要保持积极的心态，相信通过共同努力，可以克服困难，迎接新的机遇。

小李和小美的婚姻堪称典范，他们不仅在生活中互相支持，还在事业上共同进步。小李是一名警察，小美是一位设计师，他们在各自的领域都取得了不小的成就。更重要的是，他们在共同成长的过程中，始终保持着对彼此的关爱和理解。每个月的第一个周末，小李和

小美都会安排一次家庭会议，讨论过去一个月的目标完成情况，并设定新的目标。他们会一起制订行动计划，明确分工，确保每个目标都能如期实现。小美在工作中遇到困难时，小李会耐心倾听，并给予支持和建议。当小李在工作中取得进步时，小美也会积极给予鼓励。通过互相支持，他们增强了彼此的信任和感情。

为了共同学习和成长，小李和小美每年还会参加一些学习活动，比如读书会等。他们还培养了共同的兴趣爱好，比如户外徒步。通过共同学习和培养兴趣，他们不仅提升了自我，还增加了共同话题，丰富了生活。

在这样的家庭氛围中，他们的孩子也受到熏陶和感染，成长为乐观积极、勤奋上进的好孩子。

与伴侣共同成长，使彼此成为更优秀的人是婚姻中最美好的目标之一，而在这个过程中，夫妻双方还能够给孩子树立一个好的榜样。

在亲密关系中保持自我

家庭生活是我们每个人生活中的重要组成部分，而婚姻是家庭的基石。在这个温馨的港湾中，保持自我尤为重要。很多人认为，婚姻意味着无私的奉献和无底线的包容，但实际上，真正幸福的婚姻是在相互包容的前提下保持自我。这不仅能让夫妻关系更加亲密，还能为孩子树立积极的榜样。

1. 保持自我：家庭幸福的根本

在家庭生活中，很多人为了维持表面的和谐，往往会选择过度妥协。然而，过度的妥协不仅会让自己感到压抑和不满，还可能影响夫妻关系，甚至对孩子的成长产生负面影响。保持自我，就是要在相互包容的基础上，坚持自己的原则和信念，不无底线地妥协，不迷失自我。

2. 认识自我价值

保持自我首先需要认识并肯定自己的价值。每个人都有自己的优势，我们要学会欣赏自己的优点。自我价值感的建立是保持自我的基础。当我们认识到自己的独特之处，并为之感到自豪时，我们才能在家庭中自信地展示真实的自己，而不是为了迎合他人而改变自己。

小丽是一位全职妈妈。婚前，她是一位出色的画家，婚后为了照顾家庭，她放下了画笔。随着时间的推移，小丽发现自己渐渐失去了自我，内心开始感到空虚和不满足。后来，她重新拾起画笔，每周都抽出时间进行创作。小明在看到妈妈的坚持后，也开始认真对待自己的兴趣爱好，做事情变得积极起来。

3. 坚持自己的原则和信念

在家庭中，坚持自己的原则和信念尤为重要。每个人都有自己的价值观和生活理念，我们要学会在不伤害他人的前提下，坚持自己的原则和信念。过度的妥协不仅会让自己感到压抑和不满，还可能导致

家庭关系的紧张。

小张是一位职场女性，她认为家庭和工作同样重要，不能一味地为了工作而忽视家庭，也不能为了家庭而放弃自己的事业。于是，小张和丈夫进行了深入的沟通，制定了合理的家庭分工方案。通过坚持自己的原则，小张不仅在工作中取得了出色的成绩，也维护了家庭的和谐、幸福。

4. 适度妥协但不失自我

在家庭生活中，适度的妥协是必要的，但这并不意味着要完全放弃自我。适度的妥协是基于理解和尊重，而不是无原则地退让。在处理家庭事务时，我们要学会在坚持自我的同时，寻找双方都能接受的平衡点。

小陈与妻子丽丽在家务分工上有过争执。小陈认为自己工作忙，丽丽应该多承担一些家务，而丽丽则认为家务应该公平分担。经过沟通，他们达成了共识：小陈在周末多承担一些家务，而丽丽在工作日多做一些家务。通过寻找平衡点，他们在保持自我的同时，也找到了和谐的相处之道。

当父母能够保持自我，并积极追求个人成长时，孩子也会从中受到影响，培养出独立的个性和丰富的内心世界。父母的自我实现能够激励孩子勇敢追求自己的梦想和目标。

通过看到父母对自我价值的坚守，孩子会明白，自己的理想和追求是值得坚持的，他们会向着自己的目标一往无前。

当父母通过沟通和合作解决了家庭问题，孩子也会举一反三地学会如何处理自己的问题。这样的孩子在处理人际关系和未来的职业发展中会更加游刃有余。

在家庭生活中，保持自我与相互包容是两个重要的方面，二者并不矛盾。通过保持自我，我们能够在家庭中找到自己的位置，感受到内心的满足和幸福；通过适度的包容和妥协，我们又能够维持家庭的和谐和稳定。保持自我和相互包容不是非此即彼，而要兼而有之。

建立互相支持的家庭环境

家庭氛围对孩子的成长和发展有着重要的影响。一个充满支持和关爱的家庭环境能让每个家庭成员都感受到温暖，进而给孩子输入源源不断的能量。

互相支持的家庭环境能够增强家庭成员之间的信任和依赖，让每个人都感受到被关心和重视。在这样的环境中成长，孩子会学会如何表达爱与关怀，如何在需要帮助时寻求支持，以及如何在他人需要时伸出援手。这些能力对他们的一生都有着深远的影响。

安全感不仅来源于物质上的保障，更来源于精神上的支持。当家庭成员互相支持时，孩子会感受到一种强烈的安全感。他们会知道，不管遇到什么困难，家人会一直在身边支持和帮助他们。这种安全感是孩子勇敢面对外界挑战的重要支撑。

在一个互相支持的家庭环境中，孩子会观察父母如何在他人需要帮助时伸出援手，进而培养出良好的同理心。这种同理心对他们未来处理人际关系有着重要影响。

1. 通过沟通建立信任

有效的沟通是建立互相支持的基础。家庭成员之间的沟通，不仅仅是交流信息，更是了解彼此的感受和需求。开放和真诚的沟通能够消除误会，增强家庭成员之间的信任。

·开放的对话

每周安排一次家庭会议，大家可以在轻松的氛围中讨论各自的生活、分享喜悦和困惑。这种开放的对话不仅能增进家庭成员之间的了解，还能让每个人感受到被倾听和被理解。通过这种方式，家人之间可以更加了解彼此的需求和想法，从而更好地互相支持。

·真诚的倾听

倾听不仅仅是听到对方在说什么，更是理解对方在说什么。在家庭中，父母要学会倾听孩子的心声，不要急于打断或给予建议。通过真诚的倾听，孩子会感受到被尊重和被关爱，从而愿意敞开心扉，与父母分享他们的世界。这样的沟通不仅能解决日常生活中的小问题，还能增进家庭成员之间的感情。

2. 互相鼓励与支持

家庭成员之间的鼓励和支持是建立互相支持的家庭环境的重要一环。无论是学习上的努力，还是生活中的小成就，都值得家人的肯定和鼓励。

·赞美和肯定

在日常生活中，父母要善于发现孩子和伴侣的优点，并及时给予赞美和肯定。这样的正向反馈能够让家庭成员感受到自己的价值，从而更加自信和积极。例如，当孩子在学校取得好成绩时，父母要及时给予表扬和鼓励；当伴侣在工作中取得进步时，也要及时表达自己的赞赏。

· 提供帮助和支持

在家庭中，每个人都会遇到困难和挑战。当遇到困难时，其他家庭成员如果积极给予帮助和支持，一起克服困难，家庭的凝聚力就会更强。例如，当孩子在学习上遇到困难时，父母可以给予指导和帮助；当夫妻中的一方在工作中遇到压力时，另一方可以通过倾听和分担家务来减轻他（她）的负担。

3. 营造温馨的家庭氛围

一个充满温馨和爱的家庭氛围能够让家庭成员感受到安全和舒适。在这样的环境中，孩子会更愿意与家人分享他们的喜怒哀乐，也能够在遇到困难时积极寻求帮助。

· 共同的家庭活动

安排一些全家人都参与的活动，比如周末的家庭聚餐、户外活动或者家庭游戏夜。这些活动不仅能增进家庭成员之间的感情，还能让每个人都感受到家的温暖。通过这些活动，家庭成员之间的互动会更加频繁，感情也会更加深厚。

· 创造温馨的家庭环境

家庭环境的布置也能影响家庭的氛围。我们可以通过选择一些装饰来让家里更加温馨。比如，在客厅挂上全家的合照，在孩子的房间里贴上他们的作品，这些都能让家庭成员感受到家的温暖。

4. 培养孩子的同理心

在一个互相支持的家庭环境中成长，孩子会学会如何关心和帮助他人，培养出良好的同理心。

· 以身作则

父母是孩子最好的老师。在日常生活中，父母要以身作则，积极关心和帮助他人。通过父母的言传身教，孩子会学会如何在他人需要时伸出援手。例如，在父母与邻里之间互相帮助时，孩子也会受到感染，学会帮助他人。

· 鼓励孩子参与志愿活动

鼓励孩子参与一些志愿活动，比如社区服务、公益活动等。这些经历不仅能让孩子感受到帮助他人的快乐，还能培养他们的责任感和社会意识。通过参与志愿活动，孩子会学会如何关心和帮助他人，培养出良好的同理心。

第七章

让孩子"看见"你

在日常的家庭生活中，父母总是默默地为家庭付出，但很多时候，这些付出和努力并没有被孩子真正看到和理解。父母的付出需要获得孩子的肯定和尊重。只有当孩子开始"看见"你的时候，他们才会更爱你。

父母有主见，孩子才有主心骨

父母有主见，能够坚持自己的原则，并且有清晰的价值观，这些都对孩子的成长有深远的影响，有助于培养出自信、独立、有主见的孩子。

有主见，意味着我们对自己的价值观、原则和目标有清晰的认识，并能在面对各种情况时坚定不移地坚持自己的立场。有主见的父母不仅能够为孩子提供明确的指导，还能通过自身的行为为孩子树立积极的榜样。

价值观是我们做出各种决定的基础，父母有清晰的价值观，才能通过言传身教，引导孩子树立正确的价值观，如诚信、善良、勤奋、有责任心等。

例如，如果家长在日常生活中表现出诚信的优秀品质，尤其是做到言出必行，孩子就能够自觉地以家长为榜样，也主动地去做一个诚信的人。

有主见的父母往往能够坚持自己的原则，不随波逐流。这种坚定的态度会让孩子有安全感和信任感，不会感到迷茫。

例如，在孩子的教育问题上，有主见的父母会坚持自己的教育理念，不轻易受到外界的干扰，而且在制订教育计划时往往有明确的原则，不会东一榔头西一棒子，让孩子无所适从。

1. 父母有主见对孩子的影响

· 增强孩子的自信心

有主见的父母能够通过自己的行为增强孩子的自信心，而且还能在孩子遇到问题时提供明确的建议。

例如，当孩子在学校遇到困难时，如果父母能够冷静地分析问题，提出解决方案，并坚定地支持孩子，孩子就会感受到父母的支持和信任，增强他们解决问题的信心。

· 培养孩子的独立性

有主见的父母能够为孩子树立独立思考和决策的榜样。孩子在父母的影响下会逐渐学会如何独立思考，并做出自己的决策。

例如，父母在工作和生活中十分有主见，对自己的业余爱好能够一直坚持下去，并且不受周围环境的影响。孩子在选择兴趣班时也会学着评估自己的兴趣和需求，独立地做出判断，并且一旦选择就能坚持下去。

· 提供明确的行为准则

有主见的父母能够为孩子提供明确的行为准则，帮助他们理解什么是对的，什么是错的。这种明确的指导会让孩子在成长过程中建立起清晰的道德和行为标准。

例如，父母可以通过日常的言行向孩子传递尊重他人、遵守规则、勇于承担责任等重要的价值观和行为准则。孩子在这样的环境中会逐渐内化这些标准，并最终形成自己的行为准则。

2. 如何在家庭中做到有主见

· 坚定信念

父母在家庭生活中要对自己的信念和价值观有清晰的认识，并坚持这些信念。例如，如果你认为健康的饮食习惯对孩子非常重要，就应该在家庭中坚持健康的饮食标准，即使面对孩子的抗拒和外界的压力，也不要轻易妥协。

· 适时表达自己的观点

父母在家庭中要学会适时地表达自己的观点，让孩子知道你的想法和立场。例如，当孩子出现一些不好的行为时，我们要明确地告诉孩子这样是不对的，如果不能及时改正，我们就会采取相应的惩罚措施。

· 以身作则

父母是孩子的榜样，父母的行为对孩子有着深远的影响。在日常生活中，家长要以身作则，践行自己的价值观和原则，让孩子看到你是如何坚持做对的事情的。例如，如果你认为环保很重要，就应该在生活中践行环保的理念，减少浪费、节约资源，孩子耳濡目染，也会理解环保的重要性。

在家庭中，父母通过坚定信念、适时表达自己的观点和以身作则，能够为孩子提供明确的指导，还能增强孩子的自信心和独立性。

让孩子看到你的努力

在家庭中，父母不仅是孩子的养育者，更是他们的第一任老师和榜样。父母的努力和上进心会对孩子产生深远的影响，让孩子在内心感受到勤奋的力量，进而以父母为榜样，积极向上。

在家庭中，父母的努力不应是隐形的，而应让孩子切实看到，通过让孩子看到自己的工作和学习过程，让孩子了解父母的付出和努力。

小张是一名工程师，每天都在为公司的项目忙碌。为了让孩子了解自己的工作，他会在家中分享一些工作中的小故事和挑战。有时候，他会带孩子去参观自己的公司，让孩子亲眼看到他的工作环境和成果。通过这种方式，孩子不仅了解了爸爸的工作内容，还感受到爸爸为工作付出的努力和心血。

父母的努力不仅体现在工作中，也体现在对孩子的教育和陪伴上。通过参与孩子的学习和成长，父母可以让孩子切身体会到自己的关心和努力。

小丽是一位全职妈妈，每天都花时间陪伴孩子学习。她会和孩子一起制订学习计划，帮助他们解决学习中的难题。每当孩子在学习上遇到困难时，小丽总是耐心地辅导，从不轻易放弃。孩子在妈妈的陪伴下，逐渐养成了良好的学习习惯，培养了坚持不懈的品质。

1. 接纳并肯定自己的努力

· 自我接纳与自信

父母要学会接纳并肯定自己的努力。只有当父母十分认可自己的付出和努力时，孩子才能真正感悟到努力、勤奋的可贵。

· 适时表达对家庭的贡献

在家庭中，父母要学会适时表达对家庭的贡献，并让孩子明白家庭是一个大集体，需要每个家庭成员的积极维护。通过这种方式，孩

子不仅会感受到父母的努力，还会懂得感恩和珍惜，并用力所能及的方式反馈家庭。

2. 让孩子从父母的努力中受益

· 建立积极的榜样

父母是孩子最好的榜样，父母的努力会让孩子在潜移默化中学会什么是勤奋、责任和坚持。他们会从中汲取力量，逐渐形成自己的价值观和行为模式。

· 增强自信与责任感

当孩子看到父母为实现目标而努力奋斗时，他们也会受到鼓舞，并为自己的目标而努力奋斗。这个过程不仅能增强他们的自信心，还能培养他们的责任感。

· 学会面对困难和挫折

父母在工作和生活中遇到困难和挫折时，不妨与孩子分享自己的经历，让孩子看到你是如何应对这些挑战的。这样的经历能够教会孩子如何面对困难和挫折。

和孩子一起成长

在家庭生活中，父母不仅是孩子的养育者和教育者，更是他们最亲密的伙伴。在教育孩子的过程中，父母要与孩子一起成长，也不断学习和提升自己。这种共同成长的过程，不仅能增进亲子感情，还能为家庭注入无限的活力和幸福感。

1. 共同学习：双向教育的力量

· 共同学习新知识

共同学习新知识不仅能开阔孩子的视野，还能拉近父母与孩子的距离。通过共同学习，父母和孩子可以在相互交流中共同进步。这种双向教育不仅能激发孩子的学习兴趣，还能增强父母的知识储备，提升家庭整体的文化氛围。

· 参与学习活动

父母参与孩子的学习活动，不仅能帮助他们解决学习中的难题，自己也能从中学到新的知识和技能。在这个过程中，父母不仅能更好地理解孩子的学习状态和需求，还能通过共同努力，增强孩子的自信心和成就感。

2. 共同体验：丰富亲子生活

·参加家庭活动

　　家庭活动是父母和孩子共同成长的重要途径。通过参加各种家庭活动，父母和孩子可以一起享受快乐时光，增进彼此的感情。共同的经历和回忆能够增强家庭的凝聚力，让每个家庭成员都感受到被重视和关爱。

·培养共同兴趣

　　培养共同的兴趣爱好是父母和孩子一起成长的有效途经。无论是运动、音乐、绘画，还是手工制作，这些共同的兴趣爱好都能让亲子

关系更加紧密。通过共同的兴趣，父母和孩子可以找到更多的交流话题和互动机会，增强彼此的理解和支持。

3. 共同面对：解决问题与困难

·解决家庭矛盾

家庭生活中难免会遇到各种矛盾和问题。父母要学会与孩子一起面对和解决这些问题，通过沟通和合作，找到解决方案。这不仅能增强家庭的凝聚力，还能让孩子学会如何处理矛盾和问题。通过共同解决问题，孩子能够学会冷静思考和积极应对，提高自己解决问题的能力。

·面对成长的烦恼

孩子在成长过程中会遇到各种烦恼和困惑，父母要学会倾听孩子的心声，帮助他们解决问题，同时也可以分享自己的成长经历，让孩子知道他们并不孤单。通过共同面对成长中的烦恼，父母可以帮助孩子建立自信和安全感，让他们感受到父母的理解和支持。

4. 如何实现父母与孩子的共同成长

·主动交流与倾听

有效的沟通是实现共同成长的基础。父母要主动与孩子交流，了解他们的想法和感受，同时也要学会倾听孩子的声音，给予他们足够的关注和理解。通过主动交流与倾听，父母可以更好地理解孩子的需求和困惑，从而给予他们及时的支持和帮助。

·设定共同目标

父母和孩子可以一起设定共同的目标，并为实现这些目标共同努力。这些目标可以是学习上的，也可以是生活中的，通过共同努力实现目标，增强家庭的凝聚力和成就感。设定共同目标不仅能让家庭成员之间的关系更加紧密，还能让每个人在实现目标的过程中体验到成长的乐趣。

· 互相支持与鼓励

共同成长的过程中，互相支持与鼓励是必不可少的。父母要通过实际行动，支持和鼓励孩子的努力和进步，同时也要让孩子看到自己的努力和坚持。通过互相支持与鼓励，家庭成员之间可以形成积极的互动氛围，让每个人都感受到家庭的温暖和力量。

· 创造共同回忆

家庭生活中的共同回忆是亲子关系的宝贵财富。父母可以通过组织各种活动，创造更多的共同回忆，让孩子在这些回忆中感受到家庭的温暖和爱。无论是一起旅行、一起做饭，还是一起阅读、一起运动，这些共同的经历都会成为孩子成长中的美好回忆。

第八章

尊重孩子的独特性

身为父母，要时时刻刻提醒自己，孩子不是你的私人物品，孩子是独立的个体。在孩子的成长过程中，父母要尊重孩子的独特性，科学地养育孩子。

尊重孩子的成长规律

法国著名思想家、教育家卢梭曾说过这样一番话："大自然希望儿童在成人以前就要像儿童的样子。如果我们打乱了这个次序，我们就会造成一些早熟的果实，它们长得既不丰满也不甜美，而且很快就会腐烂。"这句话值得所有"望子成龙"的家长深思。

每个孩子在漫长的成长过程中都有自己的身心发展规律，像动植物一样，每个阶段都有不同的特点。出生时和出生后1个月不一样，3岁和4岁时也不一样，学龄前和小学阶段更不一样。

就拿思维来说，0～3岁是靠直观的动作思维来引导自己的活动，4岁则从动作思维向形象思维过渡，5～6岁开始向抽象逻辑思维过渡。如果孩子上小学较早，他的抽象思维还非常弱，那么学起数学来就会很费劲。因为数学是以抽象逻辑思维为主的活动。

再比如，很多家长说孩子做作业拖拉，字写得慢，还写得歪歪扭扭。从生理上来说，这是因为：写字是一种精细且持久的高难度劳动，不仅需要手腕的精细动作达到一定水平，更需要视知觉和动作协调得好。如果孩子的手部肌肉力量不够强，没有发育到能够完全胜任写字的水平，写起字来自然就会吃力。如果家长不了解这一点，认为是其学习态度不端正，不认真，岂不委屈了孩子？

还有，刚上一年级的孩子往往上课坐不了多久就不能专心听课了。这是因为一二年级孩子的注意力通常维持在10～15分钟。随着孩子年龄的增长，注意力保持时间会有所延长。而有些家长总以为是孩子对学习没兴趣，喜欢嬉闹，甚至认为是多动症。有很多家长说孩子考试太粗心，不该出错的出错。其实有时并不是孩子有意在犯错，而是小学低年级的孩子由于大脑和神经系统还没有发展成熟，记忆的瞬间性、注意的短暂性、思考的不周密等因素都会造成粗心。这些在成人看来低级的错误会随着大脑和神经系统功能的成熟和完善而自动消除。

意大利教育家蒙台梭利曾说："每个人的成长都有一个程序，他在某个年龄特征段该领悟什么样的问题，其实是固定的，你没办法强求，过分人为地加以干涉只会毁了他。"

孩子的成长遵循着自然发展规律，因此要顺着他的"长势"进行，就像农作物必然要经过一定的时间才能成熟一样，拔苗助长只能适得其反。家长要用时间等待孩子的成长。

另外，不同的孩子成长有快有慢。因个性、智力结构、认知水平、知识积累、心理特点等方面存在差异，孩子即使处于同一发展阶段，其表现也各有不同。加之受周围环境、所受教育的影响，有的孩子发展得快些，早早地锋芒毕露；有的孩子发展得慢些，大器晚成。

比如只要有语言环境，孩子迟早能学会母语，但有的孩子说话较早，有的则较晚；在小学阶段不显山不露水的孩子到了中学可能一跃而起，令人刮目相看。就像运动员长跑，起跑慢的不一定最终就慢。成长过程中没有绝对的快与慢。

比如孩子做事马虎、情绪多变、调皮捣蛋等，这些都是成长中的正常现象，随着孩子年龄的增长、知识经验的丰富、技能的娴熟、阅历的积累都会逐渐克服，当下出现的问题可能过两年就会自然而然消失。所以，孩子的成长是急不来的。不要因为孩子3岁了还不会说完整的话就怀疑孩子智力有问题；不要看邻居家孩子会背唐诗会计算就埋怨自家孩子怎么还不会；不要因为孩子在小学时上课注意力不集中、屁股坐不住，就怀疑孩子得了多动症；不要因为孩子考了80多分，就马上着急给孩子补课。

爱迪生上学3个月就被老师责令退学，如果他的母亲也和老师一样对爱迪生失去信心和耐心，那么就不会有今天的发明大王；爱因斯坦4岁多还不会说话，上小学后被认为是低能儿，但他父亲的耐心鼓励一直推动着他不断取得进步；美国历任总统中，堪称好学的威尔逊到9岁才学会26个字母，12岁才识字；小时候的达尔文在父亲的眼里简直是游手好闲之辈，整天打鸟、玩狗、抓虫子……这样的例子很多很多。

孩子的希望往往不是毁在他自己的手里，而是最先毁在他父母手中——因为他父母首先失去了信心。所以，父母永远不要对孩子失去信心，要辩证地看待孩子成长道路上的得与失、成与败，要接纳眼前的现实，允许孩子犯错，允许孩子之间有差别。孩子的发展是处于动态发展中的，是呈螺旋式上升的。

父母要以宽容的心态看待孩子成长长河中的触礁现象，以信任的眼光欣赏孩子的特点，用鼓励的、爱的眼光等待孩子成长。

个体的差异、先天的禀赋、后天的教育等都造成孩子之间的千差万别。美国哈佛大学霍华德·加德纳教授指出人有八种智能：语言智能、数学逻辑智能、空间智能、身体运动智能、音乐智能、人际智能、自我认知智能、自然观察智能。这个理论告诉我们，不同的孩子有不同的智力结构和侧重点。这就是为什么有的孩子在社交上如鱼得水却不擅长写作，有的内向害羞但写起文章妙笔生花，有的唱歌会跑调但数学却很好，有的不喜欢画画却擅长体育运动。

童话大王郑渊洁小时候是个"差生"，因为他总是调皮捣蛋，他的老师说："郑渊洁，将来咱班最没出息的那个人就是你！"然而，郑渊洁却不这么看自己，他觉得自己还是有许多长处的，比如，自己很有想象力。果然从未上过大学的他成了当代颇有影响力的童话作家。当有人采访他成功的秘诀是什么时，他说："一句话，我找到了自己的最佳才能区，这是上帝赋予每个人的特殊能力，是任何人代替不了的。"

所以，每个孩子都是独一无二的。家长不要总拿孩子和别人比，期望值

不能太高，希望孩子样样出色是不现实也是不可能的。如果父母过早地给孩子"盖棺定论"，就容易失去客观的判断标准，进而偏离正常的教育轨道。

父母操之过急，期望过高，除了让自己徒增烦恼和焦虑不安，还可能会在负面情绪的主宰下对孩子发脾气，甚至做出歇斯底里的行为，不管是父母的不良情绪还是行为都会影响孩子的心理健康发展，最终让孩子越来越偏离正常轨道。

家长要多仔细观察孩子的特点和优势，积极寻找孩子身上的闪光点，找到孩子的最佳才能区，再提供适当的条件去培养和发展它，做到扬长避短。如果不顾孩子的特点，逼迫孩子学自己不喜欢或不擅长的事，那么只能费力不讨好，给孩子增加心理负担。因为谁也不愿忍受一次次的失败，孩子并没有成人想象得那么有意志力，很多时候是凭着热情和兴趣学的。

此外，家长还应该积极等待，主动寻找教育时机，多尝试几种办法。"没有教不好的孩子，只有不会教的父母。"要多想几种办法，多设几种情境，以调动孩子的积极性，让他朝着你预设的目标进发。

可以说，最好的家庭教育应该是那种处于自然状态的、遵循孩子身心发展和成长规律的家庭教育，而不是按照家长意愿单方面地强迫孩子。唯有尊重孩子的成长规律，孩子才能朝着良性的方向健康成长！

培养孩子的自我意识

自我意识是指一个人对自己的认识，包括对自己和周围人的关系的认识。自我意识在人的心理活动和行为中起着调节作用，是行为的强烈动机，它对孩子的心理发展意义重大。孩子怎样认识自己、怎样处理自己同他人的关系、怎样评价自己的能力等，这些都会直接影响他们在未来能否积极地适应社会、能否保持心理健康、能否在学习和生活中顺利向前发展。

要培养孩子良好的自我意识，家长应该做到以下几个方面。

1. 培养孩子的自我认识

通常来讲，小学生要清楚准确地认识自我是比较困难的。尽管如此，家长也要逐渐引导孩子认识自己，因为童年时期的自我认识是成年后自我认识的雏形。家长引导孩子进行正确的自我认识，主要是要引导孩子解决两个矛盾：孩子自己心目中的"我"与实际的"我"的矛盾，自己心目中的"我"与他人心目中的"我"的矛盾。

家长可以通过一些比较，引导孩子认识实际的"我"。比如让孩子同过去的"我"比较，可以通过笔记、视频、录音等记下孩子的成长过程，过一段时间拿出来给孩子看看、听听，让孩子看到自己的变化。也可以让孩子与同龄的孩子比较，认识自己的发展状况和能力水平，了解自己的长处和短处。还让孩子比较活动前后的自己，比如给孩子布置一些做起来吃力，但经过努力可以完成的任务，使孩子了解自己潜在的能力。

引导孩子认识他人心目中的"我"，主要靠家长及时把听到、看到的他人对孩子的评价和印象，以适当的方式告诉孩子，让孩子知道他人对自己的看法。家长要做有心人，当好孩子的"耳目"。

2. 培养孩子的自我评价能力

实验研究表明：我国儿童形成自我评价能力的年龄为3～4岁。4岁的孩子开始有一定的自我评价能力，能够根据一定的行为规则来评价自己。5～6岁的儿童绝大多数已经能够进行自我评价。自我评

价是自我意识的核心，它对于儿童道德品质的形成是极为重要的。家长应当为孩子创设自我评价的情境，促进孩子自我评价能力的发展。孩子的自我评价能力最初是根据父母对他的评价而形成的。

因此，家长对孩子的评价应当比孩子的实际情况略高一点，使孩子经过努力可以达到，这样有利于培养孩子的自信心，使孩子能够用积极的、向上的标准来要求自己。另外，家长要努力安排一些孩子经过努力能够取得成功的活动，成功的次数越多，孩子对自己能力的评价越高。这有利于培养孩子的自信心和乐观的个性，使自我意识中积极的成分占主导地位，从而使孩子在未来的成长过程中更加积极主动。

3. 教育孩子积极地接受与悦纳自我

悦纳自我是发展健全的自我意识的核心和关键。一个人先应该自我接纳才能被别人所接纳。只有教会孩子自我悦纳，培养孩子自信、自立、自强、自主的心理品质，才能促进其发展自我和更新自我。

金无足赤，人无完人，家长应该让孩子懂得：悦纳自我就是要无条件地接受自己的一切，无论是好的或坏的，成功的或失败的，有价值的或无价值的，凡是自身现实的一切都应该积极地悦纳，做到乐观开朗，以发展的眼光看待自己。

4. 引导孩子有效地自我控制

自我控制是个体自我意识发展到一定程度所体现的功能，是个体的一种内在能力，是个体自主调节自己行为使其与个人价值和社会期望相适应的能力，外在表现为一组相关行为。有效的自我控制是健全自我意识、完善自我的根本途径。培养孩子的自我控制能力应该做到以下两点。

（1）帮助孩子合理地定位理想自我。理想自我是个人将来要实现的目标，在确立其内容时，家长要立足现实，从孩子实际出发，既不好高骛远，也不将目标定得太低，而应该设立通过一定努力可以实现的适宜的目标。

（2）培养孩子良好的情绪调节能力。情绪控制是自我控制的一部分。孩子们常常因为无法正确处理负面情绪而表现出缺乏自我控制的行为。家长要教给他们合适的情绪表达方式，比如通过言语、运动或绘画来宣泄情绪，帮助他们学会理解和处理自己的情绪。

总之，自我意识在个体的成长和发展中有着十分重要的作用。家长采取行之有效的方法培养和提高孩子的自我意识调节能力将使其终身受益。

引导孩子发现自己的兴趣

每个孩子都有成功的可能，关键在于尊重孩子的兴趣，并帮助孩子找到自己的最佳才能区。孩子只有找到自己的兴趣所在，进而找到自己的最佳才能区，才能发挥最大的潜能。

有一位父亲，当他看到自己的女儿不喜欢学习，学习成绩一直没有起色时，就主动跟女儿商量："孩子，爸爸想让你好好想想自己到底喜欢什么，以及自己将来适合做什么样的工作。"就这样，女儿最终选择读职高，毕业后做了会计，现在，她成了行业内小有名气的财会能手，生活得很快乐。

这个故事告诉我们，兴趣是学习的内驱力，一个人只有对所学的知识感兴趣，才能产生无穷的力量，最终获得成功。

1. 发现孩子的兴趣所在

如何发掘孩子的兴趣，家长不妨参照以下几点。

第一，坐下来和孩子谈一谈。

了解孩子的内心世界，知道孩子真正的想法，坐下来和孩子一起商量、讨论，看看孩子的兴趣在哪里。也许你会发现自己其实并不完全了解孩子。对于孩子的想法，父母应该学会尊重。

第二，鼓励孩子学习一样新的技能。

鼓励孩子多尝试不同领域的活动，告诉孩子，不同领域会带给你不同的知识和技能，只有多尝试才能找到自己的兴趣所在。

第三，观察孩子的兴趣所在。

年龄比较小的孩子可能也不清楚自己对什么感兴趣，家长应该在平常注意观察，通过各种活动观察孩子的兴趣所在。

2. 培养孩子的兴趣

当然，因为孩子的可塑性强，所以兴趣也是可以培养的。家长可以通过以下几点来培养孩子的兴趣。

第一，创设环境，培养兴趣。

家长要尊重儿童的自然发展规律，为儿童的充分发展提供条件，儿童的潜能如同种子，只要有适宜的外部条件，它就会生根、发芽、长大。环境是孩子萌发兴趣的基地，因而家长要多制造机会，创设环境让孩子接触，培养他们的兴趣。

第二，开发潜能，培养所长。

每个人都具备多种潜能，只是发展的程度和组合的情况不相同，如果在早期能发现其长处与不足，并适度地发展和弥补，就能帮助孩子发展其个人潜能。幼儿时期的教育非常重要，开发潜能、培养兴趣多是在幼儿时代。家长应注重引导，让孩子找到自己的兴趣所在，发挥孩子的主体地位和家长的引导作用，培养孩子真正的兴趣爱好。

第三，循序渐进，适度发展。

育人如同种庄稼，不能急功近利，盲目追求速度。培养孩子的兴趣也应循序渐进，不能违背儿童成长的自然规律。在这个过程中，家

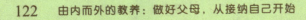

长要看到孩子的进步，积极鼓励和表扬他；让孩子感受到自己的进步，如把他的作品或成绩保存下来，偶尔拿出来让他看看；在适当的场合给孩子一个展示自我的机会……

每个孩子都有自己的理想

曾看过这么一个故事。一艘货轮卸货后返航，在浩瀚的大海上突然遭遇巨大风暴。老船长果断下令："打开所有货舱，立刻往里面灌水。"水手们担忧地问："往船舱里灌水是险上加险，这不是自找死路吗？"船长镇定地说："大家见过根深干粗的树被暴风刮倒吗？被刮倒的是没有根基的树。"水手们半信半疑地照着船长的话做了。虽然风浪依旧猛烈，但随着货舱水位越来越高，货轮渐渐平稳了。

船长对那些松了一口气的水手说："一只空木桶是最容易被风打翻的。如果装满水负重了，风是吹不倒的。船在负重的时候是最安全的，空船才是最危险的。"

如果把孩子比作一艘航船，那么，孩子的理想就是船里的"水"，有理想的孩子才能在人生的大海中乘风破浪，驶向成功的彼岸！作为家长，我们的责任应该是帮助孩子确定他们的人生目标和理想。

少年期孩子的可塑性很强，在这一阶段，孩子可能奠定各式各样理想的根基。因此，家长应与学校配合，了解孩子的理想，鼓励孩子实现理想。具体的做法如下。

1. 让孩子明白理想要符合社会和个人的实际

少年期的孩子富于想象，充满理想主义，但往往容易"见异思迁"。比如今天读了某位科学家的传记，就立志要当科学家；明天觉得世界冠军很了不起，又希望成为运动员；听了某个歌手的演唱会，又发誓要当歌唱家。对于孩子的这些想法，家长千万不要泼冷水，更不要嘲讽，而要不断地去启发引导，让孩子明白，理想的实现是受社会环境和个人的自身素质所制约的，只有那些符合个人和社会实际的理想才可能实现，否则就只能是空想。

2. 鼓励孩子去实现自己的理想

父母对孩子的美好愿望和追求要多鼓励和支持，切忌讽刺、挖苦。

一天晚上，莱特兄弟在大树下玩耍，他们看到天上有一轮圆圆的月亮，觉得又亮又好玩，就商量要把月亮摘下来，放在屋里当灯用。

于是，兄弟俩脱掉鞋子，爬上高高的大树，希望站在树上把月亮摘下来。但是，当他们快爬到树顶的时候，一阵风吹动树枝，把弟弟从树上摇落下来。幸运的是，他被一根树杈钩住了衣襟，后来家长把弟弟抱了下来。

家长一边给孩子包扎伤口，一边对他们说："你们想摘下月亮的想法很好，但月亮并不是长在树梢上的，而是挂在天空中。想要摘到月亮，你们就应该造出一种会飞的'大鸟'，骑上它到空中去摘月亮。"

父亲的鼓励在年幼的莱特兄弟心里留下了深刻的印象；后来，他们果然造出了会飞的"大鸟"，实现了自己的梦想。

家长的鼓励对孩子理想的实现意义重大，作为家长，要把远大的理想和当前的行动联系起来，帮助孩子制订各阶段切实可行的小目标，一步一个脚印地去实现自己的理想。

3. 家长不要把自己的理想强加到孩子身上

生活中，一些家长总有意无意地把自己的理想强加给孩子，希望孩子能够替自己实现理想，这种做法只会适得其反。

强强是高三年级的学生，他的学习成绩非常好，但他对画画也非常感兴趣，他的理想是考入中央美术学院。这原本是一件好事，可强强的爸爸却坚决不同意强强学艺术，他希望强强学理工科，将来搞科

研。原来，强强的爸爸心中有一个未竟的理想，他年少时就想当一名科学家，但是由于高考失利，他与自己心仪的学校和专业失之交臂。现在，他希望强强能替他实现这个理想。

为此，父子俩闹翻了。为了反抗父亲的专制，高考前夕，强强离家出走了。最终，强强的理想没有实现，而强强爸爸的希望也落空了……

生活中，像强强爸爸这样的家长不在少数。这些家长忽略了一个事实：自己的理想并不是孩子的理想，家长没有权利把自己的理想强加到孩子头上，这种做法对孩子来说是不公平的。孩子是独立的个体，他们没必要因为上一代的期望而放弃自己的理想。

此外，家长还应该告诉孩子，实现理想的过程不会一帆风顺，可能会遇到各种困难。家长的责任不仅仅是帮孩子点燃理想的火花，还要培养他们战胜困难的自信和勇气，让他们勇敢地应对人生中的各种挑战。

给孩子选择朋友的权利

每个孩子在成长过程中都是需要朋友的。朋友是孩子童年时期最重要的伙伴，在群体中成长起来的孩子往往比那些只生活在家庭小圈子里的孩子更加开朗、自信。

然而，许多家长出于"近朱者赤，近墨者黑"的顾虑，再加上社会中存在的小团伙、黑社会等问题，常常在孩子结交朋友一事上过分担心，生怕他们交上坏朋友，影响一生。

家长的担忧是可以理解的，但盲目限制孩子交朋友的做法是不明智的，更不能从根本上解决问题。因为孩子需要通过交朋友来互相学习、互相分享。而青春期的孩子更需要通过与朋友相处建立自我形象。因此，要求孩子放学后立刻回家或禁止孩子在假期与朋友交往都直接剥夺了他们学习独立、建立自我及磨炼社交技巧的机会。若过分压抑他们，结果只会引来孩子的过分叛逆或过分依赖。

让孩子自己选择朋友有很多好处。

首先，给孩子自己选择朋友的权利不仅可以让孩子感觉到父母对他的尊重和信赖，而且还可以促进孩子与朋友之间的友谊，促使他们互相学习，取长补短。

毛小丹有一个坏毛病，就是自己的东西总乱扔，然后等要用的时候怎么也找不到。后来，她认识了邻居家一个叫芊芊的小女孩，两个人经常一起玩。小丹的爸爸发现芊芊非常爱干净，自己的东西总整理得井井有条。于是，爸爸问小丹："你和芊芊是好朋友吗？""当然是啊！"小丹回答爸爸。"好朋友就应该互相学习，你看芊芊总是把自己的东西收拾得整整齐齐，你能做到吗？"

后来，小丹果然改掉了乱扔东西的坏习惯，把自己的东西整理得井井有条。

其实，同龄人之间的互相学习往往更高效，朋友在学习上互相督促往往比家长单方面的监督更有效果。

其次，让孩子自己选择朋友，可以培养孩子的社交能力。

孩子们常在一起玩"过家家"的游戏，扮演不同的角色，再现家庭生活中的各种情景。这是孩子对大人生活的模仿，孩子们在"过家家"的过程中了解了很多社会知识，也锻炼了初步的社交能力。再如，孩子们常常为了一个问题争论得不可开交，不管问题解决得是否合理，他们的认识总会进步，这也是学习的一个过程。如果孩子没有朋友，这一切就都是不可能的。

最后，孩子通过自己选择朋友，与朋友交往，可以解决孩子以自我为中心的问题。

朋友之间的群体生活可以让孩子遵从群体活动规则，认识到每个人的权利和义务。如果只顾自己，就容易遭到朋友的排斥，孩子会在这一过程中学会理解和尊重他人，与朋友和平共处。

总之，在孩子成长的过程中，"朋友"起着非常重要的作用。在孩子交朋友的时候，家长不妨从以下几个方面入手。

1. 不要刻意地为孩子选择朋友

家长为孩子选择的朋友大多是经过挑选的、好相处的，和这些孩子玩，家长似乎可以放心一些。但是如果孩子自己在生活中遇到不好相处的朋友或有个性的朋友时，他们会怎么样呢？他们可能会不知所措，进而对外界的环境感到害怕，有的孩子甚至会因此封闭自己，不敢结交朋友，宁愿自己一个人玩。

2. 要欢迎孩子的朋友到家里来玩

当孩子的朋友来家里时，家长应该表示积极的欢迎，可以说"我们家来客人啦，欢迎欢迎"或者"真高兴我的孩子有你们这样的朋友，你们能来太好了"。另外要鼓励孩子认真接待，让孩子的朋友感觉到你们对他的喜爱。孩子缺乏朋友的时候，可以带孩子一起外出旅行或者一起参加某项活动来扩大孩子的交友范围。

3. 给孩子多一点关心

如果孩子在结交朋友时遭到排斥，家长应该及时地给予关心，并解除孩子心理上的困惑，让孩子勇敢地再次接触小伙伴，并从结交朋友的过程中增长才智。

孩子的社交生活是他们自己的一片天地。家长要让他们多尝试，并在这一过程中学会如何选择真正的朋友，进而信心十足地迎接今后的社交生活。

第九章

在亲子教育中
接纳自我

在教育孩子的过程中，许多父母常常陷入一种困境：一方面希望把最好的给予孩子，另一方面又对如何教育孩子一知半解。在亲子教育中，其实每个父母都是带着最真诚的爱在摸索前行，所以在亲子教育中我们要学会接纳自我，接纳自我不是放弃进步，而是给予自己成长的空间。

接纳教育过程中的不完美

　　在亲子教育过程中，家长常常会遇到各种各样的问题和困惑，如孩子不按照我们期望的方向发展，或者教育方式收效甚微等。面对这些问题，不少家长会陷入焦虑中，甚至开始质疑自己的教育能力。

　　接纳不完美是心理成熟的重要标志之一。在亲子教育中，家长只有接纳过程中的不完美，才能以更平和的心态面对各种教育挑战，从而做出更明智的选择。这种接纳不是放弃或妥协，而是一种更高层次的理解和包容。这种接纳能够让家长在面对挫折时保持韧性，在遇到问题时保持开放的心态。

　　王妈妈的女儿小雯在学习上遇到了困难，作业总是完成得不尽如人意。每天小雯都会因为作业写得不顺利而大哭，王妈妈则会因为着急而提高说话时的音量。起初，王妈妈对此感到非常焦虑，她尝试了各种方法，如请家教、参加补习班、增加练习量等，但效果都不明显。这让她觉得自己是个失败的母亲，常常在夜深人静时因为自责而失眠。

　　后来，在一次家长会上，王妈妈听到其他家长也面临类似的问题。她逐渐意识到教育过程中出现问题是正常的，她学会了接纳，并开始调整自己的心态，不再把孩子作业写得顺利当作孩子学习态度好的唯一评判标准，而是看重学习过程中的小进步。

这种接纳不仅帮助王妈妈摆脱了焦虑，也让小雯感受到了来自母亲的理解和支持。慢慢地，小雯的学习态度有了转变，她不再因为害怕犯错而抗拒学习，反而开始主动探索和尝试。

类似的例子还有李爸爸的经历。他的儿子小强在幼儿园里特别活泼，常常因为控制不住自己而打扰其他小朋友。李爸爸一开始感到很困扰，觉得自己没有教育好孩子。但后来他开始接纳这个现实，理解孩子的天性，同时耐心地对其进行引导。他和老师合作，设计了一些有趣的游戏来帮助小强学会自我控制。虽然进展缓慢，但小强确实在慢慢改变。

要接纳亲子教育过程中的不完美，我们需要认识到：

（1）教育是一个渐进的过程，不是一蹴而就的；

（2）问题和挫折是成长过程中必须经历的；

（3）每个孩子都有自己的成长节奏；

（4）作为父母，我们也在不断学习和调整中。

那么，如何在实际教育中践行这种理念呢？

首先，当孩子出现问题时，先放下评判，仔细观察问题发生的原因，倾听孩子的想法和感受。

其次，调整期望值。接纳并不意味着放弃要求，而是要设定更符合实际的目标，让孩子在适度的压力下成长。

再次，培养耐心。教育是一个长期的过程，需要我们保持耐心，给孩子足够的时间和空间去成长。

　　最后，善待自己。在教育过程中，我们也会犯错，也会有情绪失控的时候。只有学会原谅自己，接纳自己，才能以更好的状态进行亲子教育。

　　如果我们能够做到这些，就能够更专注于教育的本质，而不是过分在意短期的成败得失。这种接纳不仅能让我们以更智慧的方式应对教育挑战，也能为孩子创造一个更包容、更有利于成长的环境。

面对教育失误的自我和解

在教育孩子时，每个父母都难免会犯错。有时是一句重话伤了孩子的心，有时是错误的判断影响了孩子的选择，有时则是自己的情绪失控给孩子留下了阴影。这些教育失误往往会让父母陷入深深的自责和愧疚中，甚至影响到日后的教育实践。

如何看待失误直接影响着一个人能否形成成长型思维模式。父母对自己教育失误的态度，不仅影响自己的心理健康，也会影响到孩子对待错误的态度。

张妈妈的儿子小明因为考试成绩不理想，整个人显得很沮丧。当时正值张妈妈工作压力大的时候，她没有耐心去了解原因，而是严厉地批评了孩子，说了一些"你怎么这么笨"之类的话。说完后，她看到儿子红着眼睛跑回了房间，她虽然后悔了，但话已经说出口了。

这件事之后，张妈妈一直很自责。她发现儿子变得更加沉默了，对学习也失去了信心。她开始反思自己的教育方式，也在寻找弥补的方法。最后，她决定和儿子开诚布公地谈一次。

她敲开儿子的房门，坐在床边对儿子说："妈妈为上次对你说的话道歉。妈妈当时太着急了，说了一些伤害你的话。其实你一点都不笨，每个人都会有考试失利的时候。重要的是我们一起找出问题，想办法解决。"这番真诚的道歉和沟通不仅修复了母子关系，也让小明重新找回了学习的动力。

父母的自我和解能力直接影响着亲子关系的质量。当我们能够坦然面对并承认自己的教育失误时，我们反而能够赢得孩子的理解和尊重。

林爸爸的例子也很有启发性。他的女儿小婷从小学舞蹈，但在上初中后，因为学业压力，林爸爸强制让她放弃了舞蹈。这个决定让小婷很痛苦，她的成绩并没有因为放弃舞蹈而提高，反而整个人变得郁郁寡欢。后来林爸爸意识到自己的决定可能有误，于是开始正视这个问题。

经过深入了解，他发现舞蹈对女儿来说不仅是兴趣，更是一种情感寄托和压力释放的方式。认识到这一点后，他主动和女儿沟通，承认了自己的错误，表示支持她继续学习舞蹈，并和她一起重新制订了学习计划。

面对教育失误，我们该如何实现自我和解呢？

首先，要允许自己犯错。每个父母都在不断学习和成长，犯错在教育实践过程中难以避免。重要的是从错误中吸取教训，而不是一味地自责。

其次，要勇于承认错误。向孩子道歉不会降低父母的威信，反而会教会孩子如何正确认识错误。这种诚恳的态度能够增进亲子之间的理解和信任。

再次，要及时修正。发现教育失误后，要积极采取行动去修正，而不是让问题继续恶化。有时候，一个真诚的拥抱、一句诚恳的道歉就能够修复受损的亲子关系。

最后，要总结经验。每一次的教育失误都是一次学习的机会，要认真总结经验，避免类似的错误再次发生。

当我们学会与自己的教育失误和解时，我们就能以更平和的心态面对教育过程中的各种挑战。这种自我和解不仅能够化解因失误造成的伤害，也能够为孩子树立一个积极正面的榜样，教会他们如何正确地面对人生中的错误和失败。

正视自己的教育短板

　　每个父母都有自己的亲子教育短板，有的父母缺乏耐心，有的性格过于强势，有的则存在认知局限。我们常常不愿意正视自己的问题、短板，但回避并不能解决问题，唯有正视和接纳这些短板，才能在教育的道路上走得更远。

　　心理学中有一个"人格阴影"的概念，指的是人格中我们不想面对，想要藏匿起来的负面特质。要保证心理健康和完整，关键不是否认人格阴影，而是要认识和接纳它。这就是为什么在心理治疗中，心理医生常常需要帮助人们认识和面对自己的人格阴影。

　　在亲子教育中，家长的短板就像"人格阴影"，只有勇于面对并接纳它，才能实现真正的自我成长。

　　陈妈妈是一位性格内向的母亲，她发现自己在孩子的社交教育方面有明显的不足。女儿小美今年上小学二年级，性格也比较内向，在班上很少主动与同学交往。班主任多次建议要培养孩子的社交能力，但陈妈妈发现自己在这方面也很困惑，不知道该如何引导。

　　起初，陈妈妈为此感到很困扰，甚至有些自责。后来她决定正视这个问题，她不仅阅读了有关儿童社交能力培养的书籍，还主动向其他家长请教。她发现，承认自己的不足并不可耻，承认不足其实是改变的第一步。

　　渐渐地，她开始尝试改变。她带着小美参加一些亲子活动，虽然自己也感到不适应，但她告诉自己这是一个学习的过程。在参加这些活动的过程中，母女俩不仅增进了感情，社交能力也得到了提高。

　　教育心理学家霍华德·加德纳在多元智能理论中指出，每个人都有自己擅长和不擅长的领域。作为父母，如果能够认识到这一点，就

能够更客观地看待自己的教育短板。

王爸爸是读理工科出身的，他在辅导儿子的语文作业时总感到力不从心。特别是在写作方面，他觉得自己无法给儿子提供有效的指导，这个短板一度让他感到很焦虑。

经过思考，王爸爸决定定期带儿子去图书馆，培养儿子对阅读的兴趣。这样就算他自己无法为儿子提供写作指导，但通过共同阅读，以书本为老师，不仅可以提高儿子的语感，还能增进父子关系。同时，他也主动向儿子的语文老师请教，积极沟通，找到儿子的薄弱点重点突破。

正视教育短板，需要我们做到以下几点。

首先，要客观评估自己。了解哪些方面是自己的教育薄弱点，这些短板具体表现在什么地方，对孩子有哪些影响。

其次，要接纳这些不足。每个人都有短板，关键是要以开放的心态面对它们，即允许自己有不足，但又要积极为改变不足创造条件。

最后，寻找弥补的方法。可以通过学习、请教他人、寻求专业帮助等方式补齐自己的短板。

那些能够正视自己缺点的人，往往更容易在生活、学习和工作中获得进步和成功。这个规律在亲子教育里同样适用。

李妈妈很不擅长控制情绪，特别是在孩子考试成绩不理想的时候。认识到这个问题后，她开始学习情绪管理的方法。她在书房贴了一张便条，便条上写着"深呼吸，思考后再说话"。这种自我提醒的简单方法帮助她多次避免了情绪失控。

正视教育短板不是一件容易的事，但这是提升教育能力的必经之路。当我们能够坦然面对自己的不足并努力改进时，我们不仅能够成为更好的父母，也能为孩子树立一个勇于面对问题、持续进步的榜样。这种态度本身就是我们能给予孩子的一种最宝贵的教育。

保持教育风格的独特性

当下，各种教育理念和方法层出不穷。有人推崇严格管教，有人提倡自由成长；有人注重学习成绩，有人重视素质发展。面对纷繁复杂的教育主张，许多父母常常感到困惑，且不知所措。

实际上，不同的家庭适合不同的教养方式，关键在于这种方式是否能够满足孩子的基本需求，而不是一味地模仿别人。

不同风格的教育方式主要是基于以下几个方面形成的。

首先，父母的个性特征不同。每个人的性格、经历、价值观都不一样，而这些自然会影响到教育方式。

其次，家庭的具体情况不同。不同家庭所处的环境、拥有的资源、生活方式都不尽相同，这决定了教育方式必须因人而异、量体裁衣。

最后，孩子具有个体差异。每个孩子都是独特的个体，即使是相同的教育方式在不同孩子身上也可能产生不同的效果。

赵爸爸是一位编程工程师，他把自己的专业特长带入了教育中。比如，他会把日常生活中的问题转化成有趣的"编程任务"：制定一个提高成绩的"程序"，设计一个整理房间的"流程图"……这些独特的教育方式不仅培养了孩子的逻辑思维，还让枯燥的任务变得有趣。

美国教育学家约翰·杜威在其著作《民主主义与教育》中强调，教育应该与生活经验相联系。这一观点提醒我们，最好的教育往往来源于父母自身的专长和生活实践。因此，在教育实践中，我们应该保持教育风格的独特性。

在保持教育风格独特性的同时，我们还需要注意以下几点：

1. 坚守核心价值观

教育方式可以独特，但要确保符合基本的教育原则和核心价值观。比如尊重、关爱、责任等核心价值观不能违背。

2. 关注孩子的反馈

生活中密切关注孩子的状态，形成良好的反馈模式，根据孩子的反馈适时调整。

3. 保持开放心态

要秉持开放的学习态度，在坚持自己特色的同时也要吸收他人的优点。

4. 注意平衡发展

即使有特色的教育领域，也要注意其他方面的均衡发展。

王妈妈是一位职业规划师，她把职业生涯规划的理念带入了家庭教育中。例如，她帮助孩子设定短期和长期目标，并定期举行"家庭会议"来回顾和调整。通过这种教育方式，她的孩子也形成了良好的规划习惯。

在进行特色教育的过程中，我们也要警惕一些误区。

1.避免过于特立独行。教育风格的独特性应该建立在科学理性的基础上，而不是为了独特而独特。

2.注意方法的适用性。要根据孩子的年龄特点和接受能力来调整教育方式，确保孩子能够接受和理解。

3.预防单一化倾向。即使有特色的教育方向，也要注意促进孩子的全面发展。

4.保持与他人的沟通。在保持教育独特性的同时，也要保持与老师和其他家长的沟通交流。

每个家庭的教育方式就像一幅独特的画作，没有标准的模板，只有适合与否的问题。如果我们找到了符合自己特点、适合孩子需求的独特的教育方式，那么这种独特性本身就是一笔宝贵的教育资源。它不仅能让教育过程变得更加轻松和有效，还能让孩子明白，人生道路上不必盲目追随他人，找到适合自己的才是最重要的。

不盲从他人的教育建议

在如何教育孩子的问题上，我们常常会收到来自各方的建议：长辈的经验之谈、朋友的育儿心得、网络上的信息、专家的建议。这些建议五花八门，有些甚至相互矛盾。如何在众说纷纭中保持清醒的判断，不盲目跟从，是每位父母都需要面对的课题。

美国教育学家劳伦斯·斯坦伯格在研究中发现，过分依赖外界建议往往会导致父母忽视自己对孩子的了解，反而影响教育效果。

面对他人的教育建议，我们需要建立自己的评估标准。

首先是判断建议的来源，不同来源的建议有不同的参考价值，需要区别对待。

其次是评估建议的适用性，别人的经验不一定适用于自己的孩子。

最后是权衡实施的可行性，要考虑家庭的实际情况，包括时间、精力、经济条件等因素。

心理学家卡尔·罗杰斯在他的著作中指出，每个人都具有实现自我的倾向，过分依赖外界意见反而会阻碍这种自然的成长过程。这一观点在教育领域同样适用。

李爸爸的教育经历很有代表性。他的儿子小明性格内向，不爱说话。很多人建议他要"逼"孩子多交际，参加各种社交活动。但李爸爸通过观察发现，儿子虽然不爱说话，却很擅长倾听和思考。他决定尊重孩子的性格特点，在必要的社交训练之外，更多的发挥孩子的优势。

面对教育建议时，家长需要注意以下几点。

保持独立判断。即使是专家的建议，也要结合自己孩子的具体情况来判断其适用性。

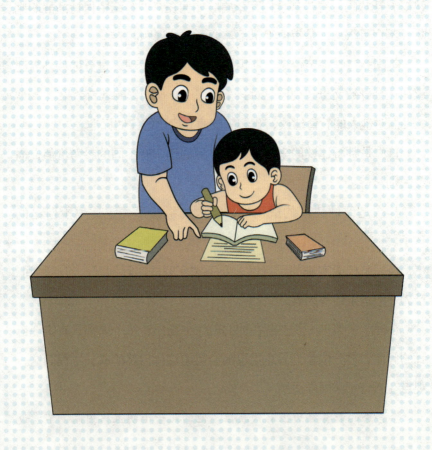

相信自己的判断。一般情况下，父母要比其他人更了解自己的孩子，因此也更清楚孩子需要什么。

保持开放但不盲从的态度。我们可以广泛听取各方建议，但最终的决定权要掌握在自己手中。

教育建议就像是一面镜子，它可以帮助我们看到不同的可能性，但不应该成为影响我们独立判断的枷锁。我们应学会在各种建议中保持独立思考，进而为孩子创造一个更加适合他们成长的环境。